儒家『四书』的思想智慧

罗秋善 编著

○ 儒家的三纲八目
○ 修身篇
○ 处世篇
○ 为政篇

中国书籍出版社
China Book Press

图书在版编目（CIP）数据

儒家四书的思想智慧/罗秋善编著.—北京：中国书籍出版社，2021.7
ISBN 978-7-5068-8570-6

Ⅰ.①儒… Ⅱ.①罗… Ⅲ.①儒家②四书—研究 Ⅳ.①B222.15

中国版本图书馆CIP数据核字(2021)第136388号

儒家四书的思想智慧

罗秋善　编著

责任编辑	彭宏艳
责任印制	孙马飞　马　芝
封面设计	东方美迪
出版发行	中国书籍出版社
地　　址	北京市丰台区三路居路97号（邮编：100073）
电　　话	（010）52257143（总编室）　（010）52257140（发行部）
电子邮箱	eo@chinabp.com.cn
经　　销	全国新华书店
印　　刷	三河市顺兴印务有限公司
开　　本	787毫米×1092毫米　1/16
字　　数	171千字
印　　张	16.5
版　　次	2021年7月第1版
印　　次	2022年5月第2次印刷
书　　号	ISBN 978-7-5068-8570-6
定　　价	45.00元

版权所有　翻印必究

前 言

儒家文化是中华民族优秀传统文化的一个重要组成部分，"四书"即《大学》《中庸》《论语》《孟子》是中国封建时代儒家的重要典籍，也代表着中华民族优秀传统文化的主流思想。"四书"的内容十分丰富，阐述了中国古代儒家的文学、哲学、史学、政治、经济、教育、伦理、道德等各方面的内容，记载了中华民族自古以来建设家园、开展精神文化活动、进行理性思维、创造成果的辉煌历程。尤其它的思想智慧，闪烁着耀眼的光芒，反映了中华民族对探求真理的精神追求，不仅是中华民族的宝贵文化遗产，在中国历史上起到重要作用，而且对世界全人类的文化发展也有很大的影响。为把中华民族优秀传统文化推向世界，让世界各地广大读者进一步了解、熟悉中华传统文化，笔者编著了《儒家"四书"的思想智慧》一书以飨读者。全书由"儒家的三纲八目""修身篇""处世篇""为政篇"四大部分组成。考虑到现代社会的高效率、快节奏、读者时间有限等现实状况，书中除"儒家的三纲八目"选取《大学》原著中"三纲八目"章句解读外，其余三大部分都通过分篇方式选取了《大学》《中庸》《论语》《孟子》"四书"原著中的精华章句或片段，由笔者统筹归纳成具有通俗性、适应性、实践性的命题、观点汇编成册。

对"四书"的解读，我采用了一种创新方式，借鉴并运用贴近现代生活，紧密联系当前实际的观点、论点、论据来论证和解读原文的精选章句，使人们从古人的思想中吸取智慧，懂得为人在世应怎样修身做人，怎样立身处世，怎样勤廉为官。这样既不会失去儒家思想文化的往日光辉及传统意义和价值，又为读者探索出一种全新的思维模式和一条新的阅读途径，使读书人或普通人从中领悟修身养性的法则，立身处世的行为依据，政治家及一般从政人员从中汲取为政经验和治国圭臬的灵感，也就是说可以从"修身""处世""为政"篇里找到"安身立命、交往相处、齐家治国"的法则。当然，在引用的这些历史古籍中也许会有封建的、迷信的、落后的东西，但是，当今天我们处在文化多元化的背景下，以平和、从容的目光重新审视这些古籍内容的时候，就会发现尽管它们有种种时代的局限性，但它们依然是中华民族思想文化发展史上的瑰宝。其中文学、史学、哲学、政治、经济、教育、伦理、道德等精髓，仍然活跃在各个领域，跨越时代而全面再现。譬如，在"儒家的三纲八目"篇中，我们可以了解到《大学》的主要内容："三纲八目"就是"为学纲目"，是"修身治人的纲目"。无论从做学问、研究儒家诸多经典出发，还是实践上从修己治人的人生事业发展方面，都为人们指明了全局的观念、前进的方向和具体的步骤。所以它既是学者的"入德门径"，又是整个儒家思想的最高纲领。"三纲八目"从它的宣言本旨来讲，显然是把执政者作为主要对象，尤其是对最高统治者"天子"提出严格要求，因此又有"帝王之学"之称，更可以作为个人立身处世、进德修业的指南，所以中国古代的知识分子把它作为"内修"和"外治"的进修步骤——三纲：明德、亲（新）民、止于至善；八目：

格物、致知、诚意、正心、修身、齐家、治国、平天下。两千多年来，一代又一代的中国知识分子都是依此进修发展，"穷则独善其身，达则兼善天下"（《孟子·尽心上》），把生命的历程铺设在这一阶梯上，所以儒家的"三纲八目"实质上已不仅仅是一系列学说性质的进修步骤，而是有浓厚实践色彩的人生追求阶梯，是君子实现"内圣外王"的根本方法，就是在今天，也是我们广大读者必须确立的一个人生奋斗目标。

又如，在"修身篇"里，我们从探讨怎样做人出发，认为做人首先要修身养性，所以把君子（中国古代君子是指有道德、有学问、有修养的人；小人是指一般普通的人，当然亦指一些行为卑劣的人；后文同。）"慎其独"作为安身立命的根本所在，当作修身养性的顶上功夫；把君子要有"三畏三戒"和"不忧不惧"作为修身养性的重要内容。所谓"三畏"就是孔子说的"畏天命、畏大人、畏圣人之言"；所谓"三戒"是少年戒色、中年戒斗、老年戒得；这都是修身养性的关键。在"修身养性"章节之后，还设有"修身向善""仁义道德""谦虚谨慎""为学修身"等章节，以阐明修身做人的意义、目的、原则及方法。

在"处世篇"里，我们在"立身处世"章节突出了君子立身处世应把握的几个关键点。孔子曰："不知命，无以为君子也；不知礼，无以立也；不知言，无以知人也"，即把"命、礼、言"作为立身处世的三个支点。为人怎样立身处世呢？我们倡导把孟子"富贵不能淫，贫贱不能移，威武不能屈"的大丈夫气概作为一种安身立命、进退仕途的人生艺术，还要求为人在世要有"生于忧患，死于安乐"的思想，这些作为君子立身处世的座右铭，激励着中国无数仁人志士在逆境中奋起,用"同时去面对人类最大的痛苦和最高的希望"的精神激发人们奋发有为。同时,把"己欲立而立人,己欲达而达人""己所不欲,勿施于人""道不同不相为谋""矜而不争,群而不党""君子求诸己,小人求诸人""君子待人守礼,处事谦虚"等作为立身处世的基本原则,这都是值得我们现代人学习与借鉴的。在"立身处世"章节之后,我们把"交朋结友""勤事节俭""孝悌教化"章节作为君子立身处世的重要内容。其中"孝悌"突出了"百事孝为先",把孔子倡导对父母需孝、对长者应尊等关系准则,视作符合人类共性的普遍道德规范加以颂扬。对于"教化"突出了"育德为先"章节,列举了逄蒙学射于羿而杀羿的例子,孟子认为后羿也有自取其辱的责任。强调了教育必须"以德为先"的经验教训。

在"为政篇"里的"入世为官"章节,我们对古代知识分子入世为官以天下为己任,对自己、对他人、对社会负责任的积极人生态度加以肯定。从而引出"君子入世为官的基本原则和条件",其中"不患无位,患所以立,不患莫己知,求为可知也""君子为官要名正而言顺""不在其位,不谋其政""君子思不出其位""言寡尤、行寡悔,禄在其中矣""先有司、赦小过、举贤才"都是怎样做官的问题。在本篇还强调了君子为官的领导艺术、为官操守;官场险恶,君子为官要谨言慎行等等,都是我们今天当政者的"前车之鉴"。在君子为官要谨言慎行这一论点中,列举了孟子预言盆成括为官见死的例证,强调君子要通达做人方面的大道理:"君子明足以察奸而仁义行之,智足以成事而谦顺处之,是为大道也"(焦循《孟子正义》)。所谓"仁义行之""谦顺处之",就是作为君子要戒小聪明而炼成大家风度,大雅风范,宰相肚里好撑船,处世如此,从政尤需如此。在"廉洁从政"章节,强调君子为官还要廉洁无贪欲,君子为官无贪欲,为政廉洁不会殃及其身。《孟子·尽心下》篇:"诸侯三宝:土地、人民、政事。宝珠玉,殃必及身。"说的是为人、为官、为王都不能有贪欲,一般人不能玩物丧志,诸侯不能玩物丧国,天子不能玩物丧天下。在"选贤任能"章节则着重说明君子为官还应选好人、用好人,并把握好几条基本原则:一是德才兼备,德比才重,二是选人用人不求全责备,三是不搞血统论,四是人才难得不在多,这是论述选贤任能的关键就是怎样识别人,怎样选用人。"治国平天下"章节,强调儒家的"仁政、德治"思想,治国要施仁政。强调"德治"意味着统治者以自我道德表率的作用和对民众进行道德教化的基本方法来维持社会秩序,并在全社会行"仁",这样的政治才会有好的社会效果。因此,儒家的治国方略是"德主刑辅",并提出治国平天下国君的行为标准是责任担当,也就是平常说的肩担天下。在"统治者治国还必须确立民本思想"这一论点中,孟子主张:"民为贵,社稷次之,君为轻""得道多助,失道寡助""失天下者,失其民也;失其民者,失其心也;得天下者,得其民也;得其民者,得其心也"都表现出儒家以民为本的思想,强调为君、为王都要以天下为己任,承担起拯救世道、拯救人民的社会责任,而不能以洁身自好为由,逃避社会现实,逃避社会责任,这是值得我们后人称颂的。

"治国平天下"章节中,我们还特别强调为君应强兵慎武,既要强兵保卫国家，又要与周围国家和平相处，反对以武力相挟的战争，这是自古以来的教训。礼乐征伐自天子出就是中央发号施令，各地执行，用现代的话来说，是一种正常的中央集权制统治，是强兵慎武的制度保证，也是社会稳定人民安居乐业的象征之一。作为一个国家，出师用兵为国家大事，也是国家存亡的关键，因此要慎之又慎。尤其是掌握生杀大权的一国之君，更要慎重地对内、对外使用武力，不轻易发动战争。

以上这些内容，我们可以看出，在中国漫长的封建历史长河中，儒学作为社会主流思想，一方面在政治上产生了重要作用，另一方面也全面渗入各个领域，对中华民族文化和民族精神产生了不可估量的影响。这些思想经过长期积淀而形成的传统认识，包括人格目标、价值取向、思维方式、处世形态等各个范畴，其影响的深入程度难以用简单语言来表达。在政治上，儒学提出政治理想以"仁"为核心修己安人，把人类社会的和谐有序作为追求的目标，因此特别重视道德修养，强调个体精神和社会价值，重视人格的独立和社会的责任感的同时，还充分表达与之一致的人格理论，把坚持理想人格的价值意义建立在崇高的美德上。认同等级秩序，约束自我以服从封建统治，是儒学构建人格理想的内核；合于中庸、本分内敛，则成为其人格形态的主要特征，尤其是儒学创始人孔子倡导的仁爱、礼让、忠恕等思想，一个重要的基点是对人的认识，从血缘亲情出发，认定人天然懂得爱，并认定人以其知性把爱延伸到相处的社会群体之中，把社会理想的追求与社会成员的自律结合起来，强调每个社会成员都应自觉地担起社会责任，主张"小我"应该服从社会大局。为治国安民尽心尽力，极力提倡通过学习来加强自我修养，懂得处世规范，从内在素养到外在形表都透现出文明的光泽，使其成为社会经济和谐稳定发展的基本保障，其意义已超越了时代的限制。

儒家早期另一代表人物孟子，继承和发展了孔子的学说与思想。他把孔子的"仁"，发展为"仁政"思想，力主正义心而存仁义，法先王而行正道。性善论是孟子思想的核心，孟子认为人性无善无不善与仁义没有关系，认为人与动物有本质的区别。人与生俱来有"四端之心"，即"仁义礼智"善心。人们可以把握自己的善性，从而能了解天命，把"心、性、天"统一起来了，所以他说"万物皆备于我"，赋予人性先天道德的内容。在性善论的基础上，提出了他的政治思想，人有不忍人之心，"以不忍人之心，行不忍人之政"。以不忍人之心即善心，行不忍人之政，就是实行仁政。仁政是孟子政治思想的核心。孟子在时代风云中，深刻感受到人民群众的力量，一说人民是诸侯的三宝之一，孟子曰"诸侯之宝三：土地、人民、政事"（《孟子·尽心下》），一说是"民贵君轻"，孟子曰："民为贵，社稷次之，君为轻"（《孟子·尽心下》），把人民放在第一位，国君放在最后。特别强调最高统治者的国君，应该以国人的意志和利益为转移，并认为国君有大过可以被撤换，并且大胆地说残暴的君主根本不配称君，表现了他的"以德抗权"思想。在治国方面，孟子主张法先王、效法古代圣王的治国经验，反对霸道，实行王道；确立一个"老吾老，以及人之老；幼吾幼，以及人之幼"的大一统社会，保民而王，实行仁政。为此他提出了"制民恒产"的经济政策，即实行井田制，使农民有一定的土地和财产解决他们的温饱问题，同时提倡"勿夺农时""省刑罚"及减轻人民赋税的政策，促进商贸等发展，使人民过上"衣帛肉食"的富足日子。孟子还特别强调"谨庠序之教"普及学校教育，使人民懂得孝、悌、忠、信的道理。孟子的仁政思想无疑带有较强的人性化色彩，具有划时代的进步意义。孟子在孔子人格精神的基础上，展开了对人格的高度赞扬，首先提出要养育"浩然之气"，形成崇高的气节和伟大的人格，巍然屹立于天地间。孟子强调，一个人不管得志与否，都要坚定信仰，奉行大道，并能经受住各种考验，"居天下之广居，立天下之正位，行天下之大道；得志，与民由之；不得志，独行其道。富贵不能淫，贫贱不能移，威武不能屈，此之谓大丈夫。"（《孟子·滕文公下》）这种顶天立地的大丈夫气概，在权势面前不会低头，在生死面前能舍生取义，在责任面前会以天下为己任。孟子的这种伟大人格精神，两千多年来早已积淀在中华民族的文化心理中，感染熏陶着亿万中国人，特别是在民族危亡的紧要关头，涌现出无数具有民族气节、有骨气的英雄，他们继承了孟子的人格精神，是真正的"中国的脊梁"（鲁迅语）。直到今天，每一个有良知的中国人身上，都还流淌着孟子人格精神的血液。

所有这些，我们仅作了浅显的阐述，要想读懂弄通典籍中真正的经义，还须读者深入熟读全书内容，由此"智者见智，仁者见仁""浅者见浅，深者见深"。

目录

儒家的三纲八目 / 1

三纲八目 …………………………………………… 3

三纲 ………………………………………………… 8

 三纲之明德 ……………………………………… 8

 三纲之亲（新）民 ……………………………… 10

 三纲之止于至善 ………………………………… 12

八目 ………………………………………………… 14

 八目之格物致知 ………………………………… 14

 八目之诚意善 …………………………………… 16

 八目之正心 ……………………………………… 18

 八目之修身 ……………………………………… 20

 八目之齐家 ……………………………………… 22

 八目之治国、平天下 …………………………… 26

修身篇 / 31

修身养性 …………………………………………………… 33
- 修身养性，为人安身立命 ………………………………… 33
- 君子要有三畏三戒但又不忧不惧 ………………………… 38
- "忠""恕"是君子行仁的基本方法和原则 …………… 44

修身向善 …………………………………………………… 47
- 向善是人的本性，操之则存舍之则亡 …………………… 47
- 闻过则喜、知错能改是君子从善的本色 ………………… 52
- 君子道德修养的重要表现是择善而从 …………………… 56

仁义道德 …………………………………………………… 60
- 君子把"仁义"作为最基本的道德修养 ………………… 60
- 君子修养应兼有仁与智的品质 …………………………… 65
- 君子持之有德才能赢得他人的尊重 ……………………… 71

谦虚谨慎 …………………………………………………… 75
- 谦虚谨慎是君子为人的法则 ……………………………… 75
- 君子的行为准则是勤于事慎于言 ………………………… 81
- 君子谨言慎行必须把握时机与分寸 ……………………… 85

为学修身 …………………………………………………… 88
- 好学是君子提升自我的前提 ……………………………… 88
- 君子为学态度要端正 ……………………………………… 93
- 只有专心致志才能达到"道"的最高境界 ……………… 98

处世篇 / 103

立身处世 ……………………………………………… 105
- 君子立身处世必须坚守的原则 ……………………… 105
- 诚信是君子立身处世的行为准则 …………………… 111
- 君子立身处世要讲究艺术 …………………………… 116

交朋结友 ……………………………………………… 121
- 君子交朋结友要有所选择 …………………………… 121
- 君子交友的基本原则和条件 ………………………… 125
- 久而敬之是君子交友的处世艺术 …………………… 131

勤事节俭 ……………………………………………… 136
- 千里之行始于足下是谋事之道 ……………………… 136
- "君子不素食"是社会分工不同的表现 …………… 140
- 君子要以节俭为本，不要因小失大舍本逐末 ……… 144

孝悌教化 ……………………………………………… 147
- 孝悌是实行仁道的根本 ……………………………… 147
- 儒家思想中君子的真孝大孝 ………………………… 152
- 儒家的教育方针及对象 ……………………………… 156
- "育德为先"是儒家教育的基本原则 ……………… 161

为政篇 / 167

入世为官 ……………………………………………… 169
- 入世为官是君子的积极人生态度 …………………… 169

君子入世为官的基本条件和原则……………………174
　　君子为官也要讲究学问，追求领导艺术……………179
　　君子为官的必备操守和气节…………………………184
　　君子为官应能上能下知进退…………………………188
廉洁从政……………………………………………………192
　　君子为政廉洁不会殃及其身…………………………192
　　为官不言小利，得失在道，受辞于义………………197
　　从心所欲而不违仁，也是值得肯定的人生境界……203
选贤任能…………………………………………………207
　　君子为官选贤任能必须把握的原则…………………207
　　君子为官选人用人有技巧……………………………213
　　选贤任能应选用什么样的人…………………………219
治国平天下………………………………………………223
　　开国尚武、治国崇仁是立国之本……………………223
　　为君治国必须确立民本思想…………………………230
　　为君还应肩担天下，为国为民谋福祉………………237
　　强兵慎武是治国明君应遵循的守则…………………244

后 记 / 250

儒家的三纲八目

○ 三纲八目　　○ 三纲　　○ 八目

三纲八目

参考原文

大学之道，在明明德，在亲民，在止于至善。知止而后有定；定而后能静；静而后能安；安而后能虑；虑而后能得。

物有本末，事有终始。知所先后，则近道矣。

古之欲明明德于天下者，先治其国；欲治其国者，先齐其家；欲齐其家者，先修其身；欲修其身者，先正其心；欲正其心者，先诚其意；欲诚其意者，先致其知；致知在格物。

物格而后知至；知至而后意诚；意诚而后心正；心正而后身修；身修而后家齐；家齐而后国治；国治而后天下平。

自天子以至于庶人，壹是皆以修身为本。其本乱而末治者，否矣；其所厚者薄，而其所薄者厚，未之有也！（《大学》）

题解

儒家的"三纲八目"是《大学》中提出来的。《大学》一书原是中国古籍《小戴礼记》中的一篇，也是论述儒家人生哲学，讲述统治者治理天下的最根本学问的政治性论文。北宋理学家程颢、程颐两兄弟将其从《礼记》中抽出对其进行加工整理，与《中庸》《论语》《孟子》相配，到朱熹撰《四书章句集注》时，便合称为"四书"。还有一种说法，《大学》是孔子遗留下来的书，是中国古代读书人进入道德修养的门径。因此古人做学问的次序，主要是依赖《大学》，其次是依靠《中庸》《论语》《孟子》。古人整理史料时，加上先秦的《周易》《尚书》《诗经》《礼记》《春秋》等五经，合称为"四书五经"。在中国漫长的封建时代"四书五经"成为中国知识分子学习并视作修身的法则，终生追求不止。

知识小链接

《周易》又称《易经》，最初成书于公元前11世纪，后经过补充和阐释，成为中国一本古老的占卜书，被儒家和道家视为一部重要经典。全书包括《经》和《传》两部分，《经》主要是64卦，各卦分为6爻，各有卦辞、爻辞。《传》解释卦辞和爻辞，以及八卦的起源和性质。由于内容古老而神秘，几千年来关于它的解读和注释不计其数。《易经》对中国后来历代的政治、经济、文化诸多方面都有影响，世界各地研究它的学者也不在少数。

《尚书》，又名《书》《书经》，儒家经典，中国上古历史文献和部分追述古代事迹著作的汇编，保存有唐尧、虞舜、夏、商、周至春秋以前的政治文告和历史资料，内分为《虞书》《夏书》《商书》和《周书》。相传由孔子所编，但据考证有部分为后人所补。

汉代以后学者把它列为五经之一。

《诗经》又叫《诗》，是中国最早的一部诗歌总集，收集周初至春秋时期的诗歌三百零五篇，包括《国风》《小雅》《大雅》和《颂》四个部分，相传为孔子删定成册，汉代以后儒家把它列为"五经"之一。

《礼记》又名《小戴礼记》《小戴记》，据传为孔子的七十二弟子及其学生们所作，西汉礼学家戴圣所编，是中国古代一部重要的典章制度选集，共二十卷四十九篇，主要记载了先秦的礼制，体现了先秦儒家的哲学思想，是研究先秦社会的重要资料，是一部儒家思想的资料汇编。《礼记》中记载的古代文化史知识及思想学说，对儒家文化传承、当代文化教育和德性教养，及社会和谐建设有重要影响。

《春秋》是儒家创始人孔子编纂的一部记载春秋时期鲁国历史的史书。这部史书中记载的时间跨度与历史阶段——"春秋时代"大体相当，基本上是东周的前半期。因此后人将这一历史阶段称为"春秋时期"。

所谓的三纲，是指明明德、亲（新）（古代亲通"新"）民、止于至善，它既是《大学》的纲领旨趣，也是儒学"垂世立教"的最高境界即追求的目标。所谓八目，是指格物、致知、诚意、正心、修身、齐家、治国、平天下，它既是为达到"三纲"而设计的条目功夫，是实施"三纲"的八个具体步骤，也是儒学为我们所展示的人生进修阶梯。也就是说从我做起，首先修养自己（内圣），然后才能管理好亲友家人，然后是治理好全社会的人，亦即治国平天下（外王）。一言以蔽之，内圣外王就是由内而外，由己及人，修身正己而天下平。

就进修阶梯而言，实际上包括"内修"和"外治"两大方面：前面说的"格物、致知、诚意、正心"是"内修"即修养内在功夫（内圣）；后面的"齐家、治国、平天下"是"外治"即向外的功夫（外王）。而其间的"修身"一环，则是联结"内修"和"外治"两方面的枢纽，它与前面的"内修"四级连在一起，是"独善其身"；它与后面的"外治"三级连在一起，是"兼善天下"。其中心思想可以概括为："修己以安百姓""修己以安天下"。这种人生观要求注重个人修养，怀抱积极的奋斗目标。儒学传承两千多年来，一代又一代中国知识分子"穷则独善其身，达则兼善天下"（《孟子·尽心上》），把生命的历程铺设在这一阶梯之上。所以，儒家的三纲八目实质上已不仅仅是一系列学说性质的进修步骤，而是实现"内圣外王"的根本方法，是具有浓厚实践色彩的人生追求阶梯。由此，它一直影响着中国的读书人，并植根于他们的灵魂深处，铸造了一代又一代中国知识分子的人格品性。直到今天，仍然在现代人身上发挥着潜移默化的作用。

知识小链接

孔子（公元前551年—公元前479年）名丘，春秋时期鲁国人，中国古代著名思想家和教育家，儒家学派创始人。经过孔子的提倡和儒家的发展，儒家学说作为中国人的指导思想已逾两千年。孔子把"仁"和"礼"视为道德最高准则，以此规范人们的行为。"仁"可以解释为"爱"，"礼"是道德，是礼节、规矩等的总和。孔子开创了私人讲学的风气，不分贫贱高贵广招门徒。据说他有3000弟子，其优秀者72人。在教育上，他主张"学而优则仕"和"因材施教"，提倡"三人行，必有我师""不耻下问""知之为知之，不知为不知"。他的门徒将其言论记载在《论语》中。孔子曾周游列国宣传他的思想主张，但屡屡碰壁。晚年专心于古代文献的整理编辑，先后编选《诗经》《尚书》和《春秋》等书籍，后世人们尊称他为"圣人"。

三纲

◇ 三纲之明德 ◇

参考原文　　《康诰》曰："克明德"。《大甲》曰："顾误天之明命"。《帝典》曰："克明峻德。"皆自明也。

题解　　"大学之道，在明明德。"意思是要求人们通过后天的道德学习和修养，恢复人天生向善的本性，标榜善性与良好的德行，如忠、孝、仁、义等品质，更要求注重个人修养，"修己安人"只有先治好自己，才能把别人甚至国家治理好。

以我们今天的眼光来看，"在明明德"就是强调道德的自我完善，进而发掘、弘扬自己本性中的善根，而摒弃邪恶的诱惑。《三字经》说："人之初，性本善；性相近，习相远；苟不教，性乃迁。"也就是说，人的本性生来都是善良的，只不过因为后天的环境影响才导致了不同的变化，从中生出许多恶的品质。因此，儒家的先贤们强调后天环境和教育的作用，使明德显露出来，发挥人性中应有的美德，从而达到最完善的境界。从这个意义上说，无论是西方基督教的"忏悔"，东方佛教的"修行"，还是列夫·托尔斯泰式的"道德自我完善"，毛泽东提倡的"思想革命化"乃至于我们当今中国所倡导的社会主义核心价值观等等，都是以弘扬人性中应有的美德为目的，引导人们向善的方面发展。

知识小链接

《三字经》相传是宋朝文人王应麟所撰，其内容涵盖甚广：有教之要，读书次弟，历史沿革，天文地理，学行典范等等，堪称是一部"国学简要索引"，或叫"中华文化小百科"。书一开始所说的"人之初，性本善"就蕴含着相当深广的教化义理。儿童开始读书先须认得这"人"字，便不为欲所迷，有助于本身的人文修养，成就其学问与人格。然后所求的一切学问才能利己利人，进而可以希贤希圣。

◇ 三纲之亲（新）民 ◇

参考原文　　汤之《盘铭》曰："苟日新,日日新,又日新。"《康诰》曰："作新民。"

《诗》曰："周虽旧邦,其命维新。"是故君子无所不用其极。（《大学》）

题解　　"亲（新）民"是要求执政者在不断完善自身道德修养的同时引导人民革除旧染恶习,以彰显天然的固有善心,使天下万民都能同心向善。也就是要遵循大学之道创造出全新的人。这里所说的"新人"就是从本质上彻底改观的人,即脱胎换骨之人。所以,如果说"在明明德"还是相对静态地要求弘扬人性中应有"善"的美德的话,那么,"苟日新,日日新,又日新"就是从动态的角度来强调与时俱进,不断革新,加强思想彻底改观做新人的问题了。

"苟日新,日日新,又日新"原是被刻在商汤王的洗澡盆上作为座右铭,意在时刻提醒自己要修德向善,弃旧图新。本来是从洗澡说起的问题：假如今天把一身的污垢洗干净了,以后便要天天把污垢洗干净,这样一天一天地洗下去,每天都要坚持。引申出来,就如精神上的洗礼、德行上的修炼、思想上的改造一样，使人不断更新成为一个全新的人。古代的圣人，就是欲养生必先修身，欲清心必先洁体。正如《庄子·知北游》中所说的"澡雪而精神"，《礼记·儒行》中所说的"澡身而浴德"。说到底，还是弃旧图新，人格的完善。

话说回来，一个上古的君王尚且如此要求自己，我们生活在物质文明高度发达的今天，难道能将革新的精神文明抛弃不顾吗？"苟日新，日日新，又日新"展示的是一种革故鼎新的姿态，驱动人们弃旧图新，与时俱进实现人格的完善，所以，我们要像商汤王把它刻在洗澡盆上一样，在实际工作中、日常生活中把它当作自己的座右铭，永远牢记在心。

知识小链接

商汤王，中国上古时期商朝的开国君王，后被儒家称古代圣王之一。

《庄子》是战国时期著名思想家庄周的毕生精华之作，《知北游》是《庄子·外篇》中的最后一篇，也是具有重要地位的一篇，对于了解《庄子》的哲学思想体系也较为重要。篇文看到了生与死、长寿与短命、光明与幽暗都具有相对性，既是对立的，又是相生、相互转化的，这无疑具有朴素的唯物辩证观。

◇ 三纲之止于至善 ◇

参考原文

《诗》云:"邦畿千里,维民所止。"

《诗》云:"缗蛮黄鸟,止于丘隅。"子曰:"于止,知其所止,可以人而不如鸟乎!"

《诗》云:"穆穆文王,於缉熙敬止!"为人君,止于仁;为人臣,止于敬;为人子,止于孝;为人父,止于慈;与国人交,止于信。

《诗》云:"瞻彼淇澳,菉竹猗猗。有斐君子,如切如磋,如琢如磨。瑟兮僴兮,赫兮喧兮。有斐君子,终不可喧兮!""如切如磋"者,道学也;"如琢如磨"者,自修也;"瑟兮僴兮"者,恂栗也;"赫兮喧兮"者,威仪也;"有斐君子,终不可喧兮"者,道盛德至善,民之不能忘也。

《诗》云:"于戏!前王不忘。"君子贤其贤而亲其亲,小人乐其乐而利其利,此以没世不忘也。(《大学》)

题解

《大学》之道的最终目的是"在止于至善"。人们能够"明明德",能够"亲民",最后也就能"至善"。也就是说,通过道德学习和修养能够辨明是非,能够善恶分明，达到善的理想人格的最高境界，首先在于"知其所止"，即知道你应该处在什么位置，其次才谈得上"止于至善"的问题。俗话说："人往高处走，水往低处流。"鸟儿尚且知道找一个栖息的林子，人怎么可以不知道自己应该落脚的地方呢？

"知其所止"，通俗地说，就是知道自己应该"止"的地方，知其进退，找准自己的位置，一切事物都应该有个着落。说穿了，就是要有人生的定位，要设想自己品德修养的最高境界。要面对现实确立自己的奋斗目标，既要确立将来的事业目标，更要确立眼前道德修养目标。对于负有政治责任的统治者来说，必须以使普天之下的广大民众都能达到"至善"之境作为自己的最高目标。而读书人说"知其所止"，就是要知道自己应该处于什么样的位置，应该干什么。

当然，这里说的找准人生定位、追求奋斗目标、完善自己理想人格虽然与原意相较有些牵强附会，但是谈人生追求上仍然要"知其所止"，按照自己人生轨迹去准确定位。《大学》中说得好：凡是当君主的，要竭尽一片仁爱之心来对待臣民；做人臣的，要竭尽一片恭敬之心来对待君主；做子女的，要竭尽一片孝顺之心来对待父母；做父母的，要竭尽一片慈爱之心来对待子女；与国人结交来往，要竭尽一片忠诚之心，坚守信义来对待朋友。不同的身份，不同的人，有不同的"所止"，关键在于要像精心制作骨器那样"既要切好，又要磋平"地精研学问，又要像精心雕刻玉石一样，"既已雕琢，又要磨光"，修炼自己的德行。而后寻找最适合自身条件、最扬长避短的位置和角色——"知其所止"，最终"止于至善"达到完善人格的最高境界，这才是最重要的。

八目

◇ 八目之格物致知 ◇

参考原文 所谓致知在格物者，言欲致吾之知，在即物而穷其理也。盖人心之灵，莫不有知；而天下之物，莫不有理。唯于理有未穷，故其知有不尽也。是以《大学》始教，必使学者即凡天下之物，莫不因其已知之理而益穷之，以求至乎其极。至于用力之久，而一旦豁然贯通焉，则众物之表、里、精、粗无不到，而吾心之全体大用无不明矣。此谓物格，此谓知之至也。（《大学》朱熹集注）

题解 我们今天理解格物致知，就是要求我们探究宇宙间的一切事物的根本规律、本来原理，以求得真正的知识。也就是说，通过对万事万物的认识、研究而获得知识，而不是从书本中获得知识。这种认识论很具有实践的色彩，打破了一般对儒学死啃书本的误解。朱熹认为，获得知识的途径在于穷究事物的原理，这在宋以后成了中国哲学中的一个重要范畴。这说明"格物致知"是古人认识事物、认识世界求得真正知识的唯一途径，也无疑给后人带来深刻影响。事实上，今天当我们说到知识的获取时，仍离不开"格物致知"这条途径。因为，存在决定意识，只有通过实践—认识—再实践—再认识，才能获得知识，它不是说的"秀才不出门，全知天下事"。而是说"你要知道梨子的滋味，你就得变革梨子，亲口吃一吃"。（毛泽东《实践论》语）简言之，"格物致知"突破了过去一直强调的主要从书本上获得知识的圈圈，开创了注重实践、理论联系实际的先例，把我们引向万事万物，引向实践，引向"实践是检验真理的唯一标准"。这样来理解并把它作为一个现代哲学命题，是具有积极意义的。

知识小链接

朱熹（1130年—1200年），字元晦，是中国南宋时期最重要的思想家和教育家，他的思想与北宋的思想家周敦颐、程颢、程颐一脉相承，最大的贡献在于集北宋以来的理学之大成，并使之系统化。朱熹先后主持白鹿洞书院和岳麓书院达30余年，弟子众多，影响很大。他认为"天地之间，有理有气"，气依理而变化，化生万物；主张"去人欲，存天理""格物致知"以求"穷理尽性"。自朱熹之后，理学一直在中国的哲学思想和政治观念中占主导地位。

◇ 八目之诚意善 ◇

参考原文

所谓诚其意者,毋自欺也。如恶恶臭,如好好色,此之谓自谦,故君子必慎其独也!小人闲居为不善,无所不至,见君子而后厌然,掩其不善,而著其善。人之视己,如见其肺肝然,则何益矣?此谓诚于中,形于外,故君子必慎其独也。曾子曰:"十目所视,十手所指,其严乎!"

富润屋,德润身,心广体胖,故君子必诚其意。(《大学》)

题解

诚意是八目中涉及精神境界提出的极其重要的一项行为要求,文中的比喻说"诚意者能成为君子;不诚意者便会沦为小人"。这里主要说明在做学问(或做任何事)的时候,都必须做到意念真诚,才能获得真知。简而言之,就是内心要诚实,不要自己欺骗自己,只有做到不自欺,才能不欺人。就是人前人后一个样,表里如一,讨厌的东西就说讨厌,喜欢的东西就说喜欢。从反面来说,"若要人不知,除非己莫为"。自欺欺人,掩耳盗铃,总有东窗事发的一天。因此就需要我们慎独,在一个人独处的时候也谨慎、自持。只有修养好自己，只有一个人在独处的时候谨慎对待自己的行为，才会有真正的诚意，才是君子之所为。

要知道，金玉满堂，并不能保得你心情舒畅；身心安康，才是人生最宝贵的财富。所以，比装修房屋（富润屋）更重要的还是装修你自己（德润身），修养自己的身心，做到心宽体胖。事实上，好的品德，使人心胸开阔、心情舒畅、光明磊落、坦坦荡荡，这样的人才能享受生活带来的乐趣，不义之财再多又有何用呢？若要做到这一切，还得要"君子必诚其意"，真诚做人乃立身之本。事实证明，讲诚意的人能够处理好一切人际关系，团结周围的人，虽然不能说都成为历史上有名望的人物，但至少他们是为人高尚且被人尊敬、受到社会欢迎的人。我们说，要考验人是否有诚意，就在于他能否"慎其独"，能做到"慎其独"的人，就是君子"不自欺"的表现，不能做到"慎其独"，正是小人"自欺而又欺人"的表现，因此"慎独"是达到诚意的必需功夫。

◇ 八目之正心 ◇

参考原文　　所谓修身在正其心者，身有所忿懥，则不得其正；有所恐惧，则不得其正；有所好乐，则不得其正；有所忧患，则不得其正。

　　心不在焉，视而不见，听而不闻，食而不知其味。此谓修身在正其心。（《大学》）

题解　　正心是齐家的前提（心就是思想），"心"是身体的灵魂，是一切行为的主宰，所以要不断地净化心灵、端正心术，达到思想纯正，才能一切举止言行符合道德规范，从而提高自己的品德修养。事实上仅仅有诚意还不行，因为诚意可能被喜怒哀乐等情感支配役使，使你成为感情的奴隶而失去控制。常人之情，往往对事物都会有所偏向。俗话说："人们往往难于知道自己小孩有坏毛病，永远不会满足于自己田里庄稼长得苗壮茂盛。"所以，在"诚其意"之后，还必须要"正其心"。一个人的身体行为是受到其内心思想控制和支配的，会有愤怒，会有恐惧，会有哀乐，有了这些偏私，身体行为就很容易走向歪斜，产生不良的后果，其原因就是受外界干扰和自己不良情绪的影响，"心中有偏私"。所以文中说"修身在正其心"，也就是要以端正自己的心术和心态来克制、驾驭感情，用理智来战胜情欲，集中精神修养道德品性。假如心态不能端正，心思不能集中在做一件事情上，行为不能恰如其分，那么虽然在看一件东西，却好像没有看见一样，虽然在听一种声音，却好像没有听见一样。因此"修身在正其心"，不外乎先要心术、心态端正，不要三心二意，不要为情所累。诚意正心、修身养性本应建立高尚人格的最初步修养、是基础，初步基础打好以后才谈得上修行的完整性。这样行为才能合乎道德的规范，才能真正达到修身养性的目标。

◇ 八目之修身 ◇

参考原文

所谓齐其家在修其身者。人，之其所亲爱而辟焉，之其所贱恶而辟焉，之其所畏敬而辟焉，之其所哀矜而辟焉，之其所敖惰而辟焉。故好而知其恶，恶而知其美者，天下鲜矣！故谚有之曰："人莫知其子之恶，莫知其苗之硕。"此谓身不修，不可以齐其家。（《大学》）

题解

修身的"身"不仅仅是指个人的身体，修身更多地是自身道德品质的修养与提高。《大学》设计的人生进修梯阶是由内逐步向外生发的。在此之前的格物、致知、诚意、正心是向内修养，为的是修身，也就是"独善其身"的过程。在此之后的齐家、治国、平天下是向外生发，开始处理人与人之间的关系，从家庭走向社会，从"独善其身"转向"兼善天下"。首先要搞好与自身密切相关的家庭和家族的关系，然后才依次谈治理国家、天下（古代指中国的全部领土）。因此，修身是根本，是齐家的前提和条件。一个人只有自身具有良好而高尚的道德品质，才会有地位，才会受到众多家庭成员甚至社会成员的尊重和爱戴。

我们首先要修养自己的思想道德品质，才能管理好一个家庭或家族。当然首要的就是克服感情偏私，具有公正的品格。公正意味着以理性之心、文明之心来对抗人性中生就存在的私心和偏心。主观上的好恶容易导致偏见，所以人们经常会对自己所亲近和喜爱的人过分地偏爱；对于自己所厌恶的、敬畏的、怜悯的、傲视的、怠惰的人都会有不同程度的偏私。现实中那种在好中知道坏的、在坏中见到美的东西的人实在很少，而修身的作用就是要培养这种能力，就是要培养出这种公正的、善于分辨好坏、一视同仁的品质修养。在一个家庭当中，有长幼之分，有亲疏之别，作为一位治家之人，首先要修养好自己的身心，才能赢得大家的信任和尊敬，所以修身是齐家的前提。

◇ 八目之齐家 ◇

参考原文

所谓治国必先齐其家者,其家不可教,而能教人者,无之。故君子不出家而成教于国;孝者,所以事君也;悌者,所以事长也;慈者,所以使众也。

《康诰》曰:"如保赤子。"心诚求之,虽不中,不远矣。未有学养子而后嫁者也。一家仁,一国兴仁;一家让,一国兴让;一人贪戾,一国作乱。其机如此。此谓一言偾事,一人定国。

尧、舜帅天下以仁,而民从之。桀、纣帅天下以暴,而民从之。其所令,反其所好,而民不从。是故,君子有诸己而后求诸人,无诸己而后非诸人。所藏乎身不恕,而能喻诸人者,未之有也。故治国在齐其家。

《诗》云:"桃之夭夭,其叶蓁蓁。之子于归,宜其家人。"宜其家人,而后可以教国人。

《诗》云:"宜兄宜弟"。宜兄宜弟,而后可以教国人。

《诗》云:"其仪不忒,正是四国"。其为父子兄弟足法,而后民法之也。此谓治国在齐其

家。(《大学》)

题解

儒家认为,要治理好一个国家的基本前提是要先治好自己的家庭或家族。"孝者,所以事君也;悌者,所以事长也;慈者,所以使众也",把属于家庭道德方面的孝、悌、慈三原则,与事君、事长、使众的治国行动相联系,形象说明小家无小事,大国如小家。如果连自己的家人都不能管好,怎么可能管教国民呢?所谓"一言偾事,一人定国",是说国君说错了一句话就有可能败坏事情,国君一个人向善,老百姓就跟着向善,整个国家就会安定。

本文先是列举了尧舜和桀纣从正反两个方面来对比说明一国之家长——君主表率作用的重要性,强调君子般的君主应当是修好自己的品德来教化民众的。其次进一步强调君主修德的重要性。"仁""让"是中华民族的传统美德,在位执政者的家庭兴"仁让"之风,就会带动全国兴起"仁让"之风;如果执政者暴戾,国家就会大乱。国和家的关系就是如此血肉相连,密不可分。尤其是在以家族为中心的宗法制社会时代,家是一个小小的王国,家长就是它的国王;国是一个大大的家,国王就是它的家长。无论是国王还是家长都有生杀予夺的至高权力,因此就有君君、臣臣、父父、子子的规范贯穿国与家,使国成为礼仪之邦。也正因为如此,我们才能理解"治国必先齐其家"。

进入现代社会,情况已发生了极大变化:一方面,国已不允许实行家长制,另一方面,家已大大地民主化。不仅君君、臣臣、父父、子子的规范已成为过去,就是孝、悌观念也日渐淡化,但"仁爱""礼让"我们必须弘扬、传承下去。事实上,家庭是社会的细胞,个人是家庭的细胞,每个家庭都和睦相处,整个国家才能安定团结。每个人都讲文明礼貌,国家才会成为礼仪之邦。

从另一方面来看,这一章反复强调以身作则,要求"品德高尚的人总是自己先做到,然后才要求别人做到;自己先别这样做,然后才要求别人不这样做。如果统治者自己嗜好暴虐,而要求人们施行仁善,老百姓是不会服从的"。这些思想并不会因为社会时代的变迁而失去光彩,它既是对"欲治其国者"的告诫,值得推荐给当政为官的人作为座右铭;也是对儒学"恕道"原则的阐发,可广泛应用于生活的各个方面,作为我们立身处世、待人接物的有益参照。

知识小链接

"尧舜":尧,史称唐尧,中国原始社会后期部落联盟首领。舜,史称虞舜,辅佐尧有功,尧把首领的地位和权力传给舜。因他们二人历史功勋卓著,经人们传颂,成为中国古代传说中的"五帝"中两位重要的皇帝。在儒家学说中常以"尧舜"并称,是儒家最为推崇的古代圣君。

"桀纣"：桀，夏代国王，名履癸，残暴荒淫，后被商汤王所灭。纣，商朝最后的君主，生性残暴，后为周武王所灭。桀、纣是中国古代历史上的两个暴君，儒家学说中常以暴君"桀纣"并称。

◇ 八目之治国、平天下 ◇

参考原文

所谓平天下在治其国者,上老老而民兴孝,上长长而民兴弟,上恤孤而民不倍,是以君子有絜矩之道也。

所恶于上,毋以使下;所恶于下,毋以事上;所恶于前,毋以先后;所恶于后,毋以从前;所恶于右,毋以交于左;所恶于左,毋以交于右。此之谓絜矩之道。

《诗》云:"乐只君子,民之父母。"民之所好好之,民之所恶恶之。此之谓民之父母。

《诗》云:"节彼南山,维石岩岩。赫赫师尹,民具尔瞻。"有国者不可以不慎,辟,则为天下僇矣。

《诗》云:"殷之未丧师,克配上帝。仪监于殷,峻命不易。"道得众则得国,失众则失国。

是故君子先慎乎德。有德此有人,有人此有土,有土此有财,有财此有用。德者,本也;财者,末也。外本内末,争民施夺。

是故财聚则民散,财散则民聚。是故言悖而出者,亦悖而入;货悖而入者,亦悖而出。

《康诰》曰:"惟命不于常。"道善则得之,不善则失之矣。

《楚书》曰:"楚国无以为宝,惟善以为宝。"舅犯曰:"亡人无以为宝,仁亲以为宝。"

《秦誓》曰:"若有一个臣,断断兮无他技,其心休休焉,其如有容焉。人之有技,若己有之。人之彦圣,其心好之,不啻若自其口出。寔能容之,以能保我子孙黎民,尚亦有利哉!人之有技,媢疾以恶之。人之彦圣,而违之俾不通。寔不能容,以不能保我子孙黎民,亦曰殆哉!"唯仁人放流之,迸诸四夷,不与同中国。此谓唯仁人为能爱人,能恶人。见贤而不能举,举而不能先,命也;见不善而不能退,退而不能远,过也。好人之所恶,恶人之所好,是谓拂人之性,灾必逮夫身。是故君子有大道,必忠信以得之,骄泰以失之。

生财有大道,生之者众,食之者寡,为之者疾,用之者舒,则财恒足矣。仁者以财发身,不仁者以身发财。未有上好仁,而下不好义者也;未有好义,其事不终者也;未有府库财,非其财者也。

孟献子曰:"畜马乘,不察于鸡豚;伐冰之家,不畜牛羊;百乘之家,不畜聚敛之臣。与其有聚敛之臣,宁有盗臣"。此谓国不以利为利,以义为利也。长国家而务财用者,必自小人矣。彼为善之,小人之使为国家,灾害并至。虽有善者,亦无如之何矣!此谓国不以利为利,以义为利也。(《大学》)

题解

儒家认为，实现治国平天下这一最高目标，统治者就必须从以下几方面入手：

其一，国君要有絜矩之道，以身作则起示范作用。所谓絜矩之道，就是一种推己度人为标尺，求得各类人际关系协调平衡的法则，以创建一个各阶层、各行业通力合作的和谐社会。

其二，要为政以德，赢得民心。得民心则得天下，失民心则失天下。赢得民心是治国的首要任务，怎样才能赢得民心呢？要求治国者真正以公平的心来处事，不能偏私。做百姓的衣食父母，与百姓同好恶，急其所急，想其所想。只有这样，百姓才会拥护你，支持你。

其三，要以德为先，德本财末。这是讲君王要治理好国家，还必须加强自身的道德修养，身正才能教人，才能得人。在对待"德"与"财"的问题上，要以德为本，以财为末，实行德治。如果本末倒置，则民心离散，国家不安。

其四，要举贤任能，正确用人。为政的关键莫过于识人用人，主要在于任用具有容人之量的贤人而摒弃心胸狭窄、妒贤嫉能的小人。一个人即使没有什么才能，但只要心胸宽广能容人，便可以重用；相反，一个人即使非常有才能，如果嫉贤妒能，容不得人，对百姓，对国家是非常危险的，这样的人是不能任用的。治国要以仁孝为本，君王要先存仁孝之心，兴仁孝于天下。如果在上位的人能够孝敬老人，尊重长辈，体恤孤幼，那么百姓自然就会以他为榜样孝敬自己的父母，爱护自己的同辈，帮助孤幼的人。所以，当政治国的人必须要以身作则起示范作用。

其五，正确处理利与义的关系，重视生财之道。儒家主张"见利思义"，反对"见利忘义"的不道德行为，所以强调治理国家不以利为利，应以义为利，这是治国的基本原则。这里提出了"生财有大道"的看法，即生产的人多，消费的人少；生产的人勤奋，消费的人节省。"仁者以财发身，不仁者以身发财"，"以财发身"的人把钱财看作身外之物，所以能仗义疏财，以修养自己的德行；"以身发财"的人爱财如命，奉行"人为财死，鸟为食亡"的原则，不惜自身名声，甚至以生命为代价去敛钱发财，或贪赃枉法，铤而走险。治理国家的人不能以自己的私利为利益，而应以仁义为根本。

本文通过正反对比、引用经典和运用比喻勾勒出一个理想的治国者的形象，以孝为先，以民为本，体察民意，以德为政，德本财末，以善为宝，宽宏大量，公正无私，不以利为利，要以义为利等。全文虽没有正面论及当时的政治制度、法律运行、经济发展等内容，但其成功之处就在于我们可以不用看正面的描写，也能从侧面分析出这些相关的知识。

修身篇

○ 修身养性　　○ 修身向善　　○ 仁义道德

○ 谦虚谨慎　　○ 为学修身

修身养性

◇ 修身养性，为人安身立命 ◇

参考原文

天命之谓性，率性之谓道，修道之谓教。

道也者，不可须臾离也；可离，非道也。是故君子戒慎乎其所不睹，恐惧乎其所不闻。莫见乎隐，莫显乎微。故君子慎其独也。

喜怒哀乐之未发，谓之中；发而皆中节，谓之和。中也者，天下之大本也；和也者，天下之达道也。致中和，天地位焉，万物育焉。(《中庸》)

曾子曰："吾日三省吾身：为人谋而不忠乎？与朋友交而不信乎？传不习乎？"(《论语·学而》)

孟子曰："莫非命也，顺受其正。是故知命者，不立乎岩墙之下。尽其道而死者，正命也；桎梏死者，非正命也。"

孟子曰："尽其心者，知其性也。知其性，则知天矣。存其心，养其性，所以事天也。夭寿不贰，修身以俟之，所以立命也。"(《孟子·尽心上》)

题解

"天命谓之性，率性谓之道，修道谓之教"，是儒家"四书"中的哲学思想。人的自然禀赋叫作"性"，喜怒哀乐这些情欲，是每个人与生俱来的，它们在人的情欲中没有表露出来，不存在有所偏倚，这就叫"中"；如果能够恰到好处地表露出来，又正好符合万物之理，有节度，就叫"和"。"中"是天底下万事万物的根本，"和"是天底下万事万物所遵循的规律。做到了"中和"，我们处理任何事物都不会有偏差，在学习、生活、工作中就会左右逢源、游刃有余，感到非常惬意，这就是"中庸之道"。按照道的原则修身并推及众人，叫作"教"。"教"的作用是外化万事万物，恪守正道不偏离。这里主要从道不可片刻离开的话题，强调修身养性要慎其独。"慎其独"是中国文化中重要的自我警醒，是一个人独处时的心理状态和行为状态。从修身养性的具体表现来看，"慎其独"是君子应必须具备的最基本品质。君子在人看不到的地方也常警戒谨慎，在人听不到的地方惶恐畏惧。不过，事实上最隐暗且看不见的地方也是最容易发现的，最微细且看不见的事物也是最容易暴露的，因为念头容易放逸，所以一个能够充实自我、享受孤独、反省内心、明察优劣的人，才是一个具有独立人格的人。

为人修身，只为"慎其独"还不是唯一的选择。

孔子学生曾参告诫说，还应"吾日三省吾身"为自修。就是说君子修身养性，还应时时刻刻反省自己，发现自己的不足加以改正，即使没有不足之处，也可以经常提醒自己不犯同样的错误。当然，反省的方式、方法多种多样，可以"见贤思齐"，"见到贤人就想一想如何向他学习看齐，见到不贤的人就应该反省一下有没有和他一样的毛病。"（《论语·里仁》）好人固然可以成为我们的老师，我们学习的榜样，坏人也可以成为我们对照自己的镜子。当然，人一旦具备了反省的能力，自然会变得谦虚谨慎、彬彬有礼而不自以为是，对待事业就会兢兢业业，与人交往必然会诚实守信，学习知识能温故知新。生活赐予我们酸甜苦辣，我们要从中慢咽细咀加以体味。现实中有许多事情是无法改变的，当无法抗争的时候我们能做的只有反省自己，在反省中获得心灵的宁静，在宁静沉默中养育正气，修养自身，同样能达到仁的境界。

修身养性的另一个表现是循道而行。孟子认为，遵循道的原则是"莫非命也，顺受其正"。人的穷达、祸福、寿夭，无不受制于命。但命运只要"顺受其正"自求多福，也是可以改变的。孟子的立足点就在"顺受其正"上，顺理而行，顺应命运，也就是承受正常的命运。怎样顺应呢？比方说，真正知道正命而活的人，不会站在快要倒塌的墙脚下。为什么不站在危险的墙下？因为你明明知道它有倒塌的危险。同样的道理，知道危险的地方尽可能不去，危险的事情尽可能不做。像今天明明知道打家劫舍、杀人越货、走私贩毒、贪污受贿是铤而走险的，你是不是还要冒斗狠逞强、可能有意外丧命的风险呢？不去冒险是知道命运的人，是"顺受其正"的人。反之则是不知道命运，不"顺受其正"的人。当然，当国家民族有难，如果自己的牺牲可以挽救国家民族的危亡，拯救众多生灵，那就要毫不犹豫毅然而去，这也是"尽道而死，正命也"。所以一生做自己应该做的事，走正道，行正义，就是正常的命运；人生的责任尽到了，做完了，一切都尽心了，寿命到了，顺其自然就去了，这也是"正命"。相反，如上所说，斗狠逞强，犯罪而死，则死于非命，就不是正常的命运了。由此可见，人的命运虽然是人不能掌握的，但如何面对命运，还是可以选择的，以至确立自己"人之为人"的价值与尊严。

当然，修身养性是儒家思想用作做人阶梯的第一步。孟子主张命与性双修，命功由自己修养可得，性功则要识见透彻，属于智慧方面的成就。因此，他谈天命，谈人的本性，没有消极被动的神秘色彩，而是充满了积极主动的个体精神。对待天命，不过是保持善心，涵养人之所以为人的本性罢了；所谓安身立命，也不过是一心一意地进行自身修养而已。用我们今天的话来说，就是要确立对命运的正确态度，保持"人之初，性本善"的本性和加强自身的道德修养，充实自己的心灵。也就是说，只要你保持原有的善心，涵养自己的本性，遵循天命行事，身体自然就会有着落，精神自然就会有寄托，生命之春就会永远在你的心中。这是孟子修身养性的观点。

知识小链接

孟子：中国战国时期的思想家（公元前372年—公元前289年），名轲，山东邹邑人，儒家战国时期代表人物。他把孔子的"仁"发展为"仁政"思想，被后世尊为"亚圣"，有《孟子》一书。孟子认为，实行"仁政"就必须"制民恒产""勿夺农时""省刑罚""薄赋税"。孟子还说"民为贵，社稷次之，君为轻"。孟子的思想与他对人性本善的乐观态度相一致，认为每个人从一诞生就孕育着使自己成为完人的伦理品质——仁、义、礼、智，至于能否得到发展，则取决于后天的教育和环境的影响。

◇ 君子要有三畏三戒但又不忧不惧 ◇

参考原文

子路问强。子曰:"南方之强与?北方之强与?抑而强与?宽柔以教,不报无道,南方之强也,君子居之。衽金革,死而不厌,北方之强也,而强者居之。故君子和而不流,强哉矫!中立而不倚,强哉矫!国有道,不变塞焉,强哉矫!国无道,至死不变,强哉矫!"(《中庸》)

孔子曰:"君子有三畏:畏天命,畏大人,畏圣人之言。小人不知天命而不畏也,狎大人,侮圣人之言。"

孔子曰:"君子有三戒:少之时,血气未定,戒之在色;及其壮也,血气方刚,戒之在斗;及其老也,血气既衰,戒之在得。"(《论语·季氏》)

司马牛问君子。子曰:"君子不忧不惧。"曰:"不忧不惧,斯谓之君子已乎?"子曰:"内省不疚,夫何忧何惧?"(《论语·颜渊》)

题解

君子修身养性要把握"适中",不可"执一"。在《中庸》篇里,孔子学生子路问孔子什么是强,孔子回答说,血气方刚、勇猛无比的人,应该以德义加以修养,才能变得真正的强。孔子认为子路性情鲁莽，勇武好斗，所以要好好教导他：有体力的强，有精神力量的强，但真正的强大不是体力的强，而是精神力量的强。精神力量的强是宽容而守礼，体现为和而不同，柔中有刚；体现为中庸之道，处理问题不偏不倚，任何时候、任何条件下都坚守道义；体现为坚持自己的信念不动摇，宁死不改变志向和操守，不向强权低头，不与世俗同流合污，不为富贵改变志向，才是真正的强。也就是说，像子路这样血气方刚、勇猛无比的人，"北方之强"他已经具备，更应指引他兼备"南方之强"，再加以德义修养，才能达到合乎中庸之道的强。就是要待人和气而又不迁就别人；保持中立而不偏不倚；国家有道时，虽居高位而不改变穷困的志向；国家无道时不致失操变节，这是孔子所推崇的强。

　　这里孔子对修身养性的解释，又讲了两层意思：一方面君子要有三畏三戒，另一方面君子又不忧不惧。孔子提出君子要有三畏：畏天命，畏大人，畏圣人之言。一个人该不该有所畏？有一句话说："彻底的唯物主义者是无所畏惧的。"这句话作狭义的理解是有道理的；但如果作广义的理解，像有些人理解为一个人应该天不怕，地不怕，没有什么可畏惧的，那就不一定妥当了。试想，没有什么可畏惧的，岂不是连走私贩毒、杀人越货、铤而走险都不怕了吗？这个人是不是很危险？因此，一个人总还是要有敬畏之心才好安心立命。敬畏天命，敬畏大人，敬畏圣人之言，这是孔子要求君子做到的。这里实际上涉及三大方面的问题：所谓"天命"就是至高无上的宗教权威。用现代的话来讲，应该是自然规律、人类社会发展规律及生产、生存条件。在古代科学不发达的情况下，人们的生产、生活及命运都受这些规律所左右，顺之则吉，逆之则凶。因此，畏天命实质就是尊重客观规律。具体到个人就是以道德修养约束自己行为的一种精神，是一个关于信仰的问题。所谓"大人"（古代指位居高官的人）就是代天行事的政治权威。代表人类中具有智慧，而且有一定社会地位的个体或群体，往往是遵循礼、义、信的施仁者，也是正己后正人的人。畏大人就是由人们仿效、遵循他们的言行而形成的社会规范。所谓"圣人之言"，圣人是代天立言的理性权威，是"中天下而立"的人。之所以为圣，不仅是他本人具有超人的智慧，而且充分吸收了群体智慧、无数代人的智慧，他们的话具有万古不易的道理，具有一定的思想权威。畏圣人之言实质上就是尊重社会价值、传统价值，尊重思想权威。所以，如果一个人有了这些敬畏，信仰就会有所归依，生活就会有所规范，思想就会有一个中心，这样就会以道德修养约束自己的言行。在此基础上活着，生活才会觉得有目的，人生才会感到有意义，一切的事业感、成就感，才会油然而生。相反，一个人如果没有这些敬畏，这些信仰、规范和中心，那就会恣意妄行，无视社会思想和行为规范，往往行险以侥幸，无所不为，无恶不作。所以，我们应把圣人的箴言牢记于心，用心体会，深刻领悟，时刻鞭策自己积极进取。

再说人生三戒。孔子按照人生在少年、壮年、老年三个阶段不同生理和心理特点，分别提出了君子修身养性的重点。少年时戒的是"色"，用今天的话说是"迷恋女色"的问题。血气未成，容易迷茫，受黄色读物和黄色影视的影响，所以要戒之，希望青少年身心健康发展，减少犯罪，增进社会稳定。其实，还有很重要的一个方面，就是不为中老年时留下身体方面的祸根。不少人中老年时的疾病，都是青少年时喜好女色纵欲过度而埋下的病根。壮年时戒的是"斗"的问题，血气方刚，容易冲动，这是壮年人的特点。主要是指精神方面的争强斗胜，时时处处都想打垮人家，而想自己出人头地，高人一等。当然也包括发生械斗、打架斗殴酿成祸害的。老年人戒的是"得"的问题。老年时身体血气已衰，体力不济，容易恋名位利禄，患得患失，有的人甚至贪得无厌。孔子提出的"三戒"，处于三个不同人生阶段，但实际上有一个共同的特点都是"血气"所致，所以对每个人来说，就是要用"志气"去控制"血气"。用我们今天的话来说，就是要用理性的缰绳去约束那情感和欲望的野马，达到中和调适，就不会造成恶果，这也是人生修养的最高境界。

但是，孔子又提出了"仁者不忧，勇者不惧"的观点，看似与"三畏三戒"有点矛盾。不过孔子说这话是针对学生司马牛说的，因为司马牛有个哥哥司马桓魋在宋国"犯上作乱"，司马牛与他划清界限，但仍有所忧怨畏惧，而且司马牛为人正直善言，性情急躁，孔子因此耐心地引导他以道德为标准，加强修养，不断向内省察自己就可以不忧不惧。可司马牛一听，觉得这样不忧不惧太简单了。孔子知道他没有弄清楚，所以进一步告诉他说："不忧愁不恐惧是指自己问心无愧，心地光明安详，这可是不大容易做到的啊！"当然，"不忧不惧"不是说一个人的"胆子有多大，脸皮有多厚"，而是说，君子为人应该心胸坦荡,不患得患失,也就无所忧愁、无所畏惧了。现实中,有人光明磊落、心胸宽广坦荡不忧不惧;有些人患得患失,忙于算计,又每每庸人自扰,疑心他人算计自己,所以经常陷于忧惧之中,心绪不宁。其实,这是各自人生目标和人生信仰的不同,才体现了两种截然相反的人生观和价值观。我们说为人在世,面对人生道路上的曲折和困难,良好的心理素质是取得成功的关键。因此应该用宽阔坦荡的心态去面对,而不要步入患得患失的夹缝中。无论成功还是失意,无论富贵还是贫困,只要我们胸怀开阔,心情坦荡,时刻保持一种乐观积极的态度与精神,就一定能够生活得充实开心。一句话,"算来算去算自己,不如轻轻松松过一生"。这就是怎样修身为人的问题。

从另一方面讲是不是仁者都不忧呢?现实人生中概不如此。孔子说:"人无远虑,必有近忧"。(《论语·卫灵公》)虽然这是一种思想方法,但提醒人们看问题要从长远着眼,谋思要深远,思考要成熟,就会办事周详,及时预防流弊,就不会有忧患之事,所谓居安思危而不危就是这个道理。当然儒家文化强调快乐,主张人们快乐地生活,快乐地学习,快乐地工作,快乐地修养,但不是没有忧愁,人生中的确也有远虑之忧。《易传·系辞》说:"君子安而不忘危,存而不忘亡,治而不忘乱"。可见古人关于远虑与近忧的典例已经告诫我们,凡事要树立远大的志向,防患于未然,用健康的心态去对待眼前的忧虑,解决一切出现的困难和矛盾,求得好的结果。因此,君子修身养性,是一个"顿悟""渐修"的过程,都要以"仁德、礼义"为标准,才能把握"适中",达到自修的最高境界。

◇ "忠""恕"是君子行仁的基本方法和原则 ◇

参考原文

子贡问曰:"有一言而可以终身行之者乎?"子曰:"其恕乎?己所不欲,勿施于人。"(《论语·卫灵公》)

子曰:"参乎!吾道一以贯之。"曾子曰:"唯。"子出。门人问曰:"何谓也?"曾子曰:"夫子之道,忠恕而已矣。"(《论语·里仁》)

子贡曰:"如有博施于民而能济众,何如?可谓仁乎?"子曰:"何事于仁,必也圣乎!尧、舜其犹病诸!夫仁者,己欲立而立人,己欲达而达人。能近取譬,可谓仁之方也已。"(《论语·雍也》)

子贡曰:"我不欲人之加诸我也,吾亦欲无加诸人。"子曰:"赐也,非尔所及也。"(《论语·公冶长》)

题解

"忠恕之道"是孔子思想的重要内容。待人忠恕是仁的基本要求,它贯穿于儒家思想的各个方面。所谓"忠"用现代的话来说就是尽心尽力为他人谋为群体谋的态度和相应的行为,是正常社会交往的一个条件，缺少"忠"，就做不到"为仁"。因此，"忠"也属于"仁"的内容之一，充分体现的是以仁爱之心待人。再说"恕"，行仁的核心是爱心，对人施以爱心的基本方法是推己及人。具体来说就是以自身为尺度，考虑对方的感受而调节自己的行为，这种方法就是恕道。孔子通常教育学生，做人不要把自己不喜欢做的事情强加给别人去做，这是一种"仁"的表现。其实做人要以仁爱为本，将心比心，当别人将不合理的事情强加在我身上时，我是不愿意的，所以不会屈于权贵，不会背离正道，这就是"忠"；我也不愿意将不合理的事强加给别人，时刻能设身处地为别人着想，能够有颗宽容的心，这就是"恕"。"忠恕"是儒家思想的一个核心问题，是行仁的基本方法和原则。

到底什么叫忠？什么叫恕？孔子认为，忠和恕是一个问题的两个方面。尽己之心为忠，是从积极的方面说，也就是"己欲立而立人，己欲达而达人"。自己想有所作为，也尽心尽力地让别人有所作为，自己想飞黄腾达，也尽心尽力让别人飞黄腾达。这其实也就是人们通常所理解的待人忠心的意思。推己及人为恕，是从消极的方面说，也就是"己所不欲，勿施于人"。自己不愿意的事，不要强加给别人。也就是人们常说的将心比心，推己及人。"忠恕"之道的核心是想成就自己，先成就别人，自己不想要的，不要强加给别人。做人以"忠""恕"为处世之道，可以消除别人对自己的怨恨，也可以缓和人际关系，更可以使社会秩序安定。为仁还有一些人能把好处恩惠广施给老百姓，又能周济他们渡过难关，有这种境界的人，孔子称之为圣人。所谓圣人是那些具有至高无上的政治地位，又有超人的智慧和崇高的道德修养的人。他们广泛施行恩德给天下之民，能使天下万民各得其所，这的确不是一般人所能做得到的。仁的境界就不一样了，仁的境界只要你立志于道，努力就能达到，是普通人所能达到的境界，可以从我们自己身边做起，从生活细微处入手。凡事要深怀爱意，懂得成全别人，服务人民，奉献社会，人人都有一颗仁爱的心。

修身向善

◇ 向善是人的本性，操之则存舍之则亡 ◇

参考原文

告子曰："性犹湍水也，决诸东方则东流，决诸西方则西流。人性之无分于善不善也，犹水之无分于东西也。"

孟子曰："水信无分于东西。无分于上下乎？人性之善也，犹水之就下也。人无有不善，水无有不下。今夫水，搏而跃之，可使过颡；激而行之，可使在山。是岂水之性哉？其势则然也。人之可使为不善，其性亦犹是也。"

公都子曰："告子曰：'性无善无不善也。'或曰：'性可以为善，可以为不善，是故文武兴，则民好善；幽厉兴，则民好暴。'或曰：'有性善，有性不善，是故以尧为君而有象，以瞽瞍为父而有舜，以纣为兄之子，且以为君，而有微子启、王子比干。'今曰性善，然则彼皆非与？"

孟子曰："乃若其情，则可以为善矣，乃所谓善也。若夫为不善，非才之罪也。恻隐之心，人皆有之；羞恶之心，人皆有之；恭敬之心，人皆有之；是非之心，人皆有之。恻隐之心，仁也；羞恶之心，义也；恭敬之心，礼也；是非之心，智也。仁义礼智，非由外铄我也，我固有之也，弗思耳矣。故曰：'求则得之，舍则失之。'或相倍蓰而无算者，不能尽其才者也。《诗》曰：'天生蒸民，有物有则。民之秉彝，好是懿德。'孔子曰：'为此诗者，其知道乎！故有物必有则，民之秉彝也，故好是懿德。'"

孟子曰："牛山之木尝美矣，以其郊于大国也，斧斤伐之，可以为美乎？是其日夜之所息，雨露之所润，非无萌蘖之生焉，牛羊又从而牧之，是以若彼濯濯也。人见其濯濯也，以为未尝有材焉，此岂山之性也哉？虽存乎人者，岂无仁义之心哉？其所以放其良心者，亦犹斧斤之于木也，旦旦而伐之，可以为美乎？其日夜之所息，平旦之气，其好恶与人相近也者几希，则其旦昼之所为，有梏亡之矣。梏之反覆，则其夜气不足以存；夜气不足以存，则其违禽兽不远矣。人见其禽兽也，而以为未尝有才焉者，是岂人之情也哉？故苟得其养，无物不长；苟失其养，无物不消。孔子曰：'操则存，舍则亡；出入无时，莫知其乡。'惟心之谓与？"（《孟子·告子上》）

题解

《三字经》说："人之初，性本善。"讲的就是人性本向善。古人对此有不同的看法。孟子说："人性向善，犹水向下。"人性没有不善良的，水没有不向低处流的，但形势能迫使他（它）改变，可以使水成惊涛骇浪高过额头，流向山冈；可以使人变坏，作恶做坏事，直至灭亡。也就是说人性本有善，但有如水有上下之分，人性有善的倾向，其不善是外部环境造成的，需要有后天的塑造。而荀子却说："人性本为恶。"也有人说"性可以为善，可以不为善""有性善有性不善"。人性到底是天生善良，还是天生邪恶，或者像有些人认为的无所谓善也无所谓恶，这是一个很难说清楚的问题，就是哲学思想进步发展到今天，对于这个古老的话题，学者们往往也莫衷一是、各执一词，有待研讨。

值得我们注意的是，孟子的本意是阐明善的含义，说人既要有善心，又要有善行，在这里特别提出了"求则得之，舍则失之"的问题。"求则得之"是讲那些有德之人自觉去体验、发现、践行与弘扬道，就会得道。这是志士仁人和有德之君的信念所在，也是安身立命的基础。因此，自己立志安心求道，道就在自己本身，诚心去求，就可以成道。"舍则失之"，如果不立志安心去求，就无法得到道。按照孟子的看法，不仅人性本善，人性本来就有"四心"即同情心、羞耻心、恭敬心、是非心。这"四心"就是仁、义、礼、智这四种品质道德的发端，也都是"我固有之也"，只不过平时我们没有去想它因而不觉得罢了。所以，现在我们应该做的就是要在自己的身上、自己的本性之中去发现"仁义礼智"，充分发挥自己的天生资质——善性。"求在我者"，因为道是向自己内心求的，只要活着有命，当然就有灵性存在，会有思想，有感觉，就有心有命在，那么一切性命之理的大道就在自己这里，不必外求。我们说事实上在一个群体中，个人的价值在于能尽自己在群体中的伦理义务，从而得到群体中善良的人喜欢，不善良的人讨厌。由此可知，每个人都可以通过自我修养，对矛盾进行自我调节，还可以学习他人改过从善的地方。也就是说，发挥每个人的长处，自然可以弃恶从善，择善而从。中国古代就有许多恶人努力改变自己，而弃恶从善最终成为善士的例子。

孟子的"性善论"思想虽然谈到了人性本善，但还强调必须有后天的滋养，也就是说仁义之心也需自己滋养。如果不加以滋养，而是放任善心失去，就会像用斧头天天去砍伐山上的树木一样，即便是再茂盛的森林也会被砍得光秃秃的。同样，仁义之心、善心也会改变的，一旦外因推动，心灵失去把持，还会以为原本善心、仁义之心就不存在。也就是说善心（良心），只要你去保护它，它就会存在，倘若你去放纵它，它就会消失。实际上，孟子反复讲解、翻来覆去地阐述，目的就是希望每个人都成为具有理想人格的人。因此，他再三强调善的精神家园或故乡根本就无它处可寻，还是在我们自己的身上，或在我们自己的本性之中。关键是要自我把持，自我滋养，发扬光大，而不要到身外去寻求。当然后天滋养离不开环境的影响。也可以说每个人完善理想人格都在同一起跑线上，这个起跑线就是孟子反复说的每个人都有的，就是善心（良心），但修炼的结果总是不一样。

所以，人性向善是必然，是先天性的，人性不向善是偶然的，是后天性的。君子为仁必须坚守善道，发掘善根，精心培养，发扬光大，做一个有善心、有道德的人。

知识小链接

荀子（公元前313年—公元前238年），姓荀，名况，是战国时期赵国人，著名思想家，儒家重要代表人物之一。他认为人性本来是恶的，"其善者伪也"；主张通过教育和环境影响引人向善，改变其恶的本性；坚持礼是衡量一切的最高标准和治国的根本，要用礼治和法治相结合，维护社会等级和封建秩序。他的著作《荀子》评论各家学说，对春秋战国时期的学术思想作了比较全面的总结。

◇ 闻过则喜、知错能改是君子从善的本色 ◇

参考原文

陈司败问:"昭公知礼乎?"孔子曰:"知礼。"孔子退,揖巫马期而进之,曰:"吾闻君子不党,君子亦党乎?君取于吴,为同姓,谓之吴孟子。君而知礼,孰不知礼?"巫马期以告,子曰:"丘也幸,苟有过,人必知之。"(《论语·述而》)

子曰:"过而不改,是谓过矣。"(《论语·卫灵公》)

孟子曰:"西子蒙不洁,则人皆掩鼻而过之。虽有恶人,斋戒沐浴,则可以祀上帝。"(《孟子·离娄下》)

孟子曰:"子路,人告之以有过,则喜。禹闻善言,则拜。大舜有大焉,善与人同,舍己从人,乐取于人以为善。自耕稼、陶、渔,以至为帝,无非取于人者。取诸人以为善,是与人为善者也。故君子莫大乎与人为善。"《孟子·公孙丑上》

题解

孔子闻过则喜的故事,讲的是春秋时鲁国的鲁昭公违背了同姓不通婚的规矩,取了个同姓的女子做老婆。古代礼制规定"娶妻不敢同姓"。陈国的司败(司冠）问孔子"鲁昭公知礼乎"，孔子回答"知礼"。这是孔子不对，只懂得"为尊者讳"的礼仪，不好直说"君主不知礼"，当然也有为鲁昭公袒护的嫌疑。而陈司败则认为鲁昭公同姓通婚不懂礼，指出孔子回答有错。孔子没有辩解，而是听到别人指出自己的缺点错误就高兴，这说明孔子有君子般的坦荡胸怀。其实，自己有了错误别人能指出来，总比自己有了错误没有人愿意或没有人敢给你指出来好。尤其是做领导的，做师尊的，如果没有人愿意或没有人敢给你指出缺点错误，那你多半已成了孤家寡人了。须知，"孤家寡人"是中国古代皇帝的自称，高高在上，脱离群众，是不受群众欢迎的。所以，一个人，尤其是一个有地位的人，当听到别人指出你的过错时，一定不要恼羞成怒，暴跳如雷，而要学习圣人的涵养，把它当作一件"幸事"接受下来，有则改之，无则加勉，使自己成为一个受人尊敬的人，而不是一个可怕的人，一个没有人愿意或没有人敢给你提意见的人，这才是君子的本色。

  我们说，一个人犯错误是难免的，就是圣贤也难免会犯错误。关键是看你对待犯错误的态度，从这个态度上可以看出一个人的品德修养，所以犯了错误关键要勇于改正。事实上，人们在学习生活中，总会遇见不知道的事物与道理，出现认知能力不够的情况，如果能经常看到自己的不足，有利于自我提升。当然，以发现别人的缺点为能耐，乐于挑剔别人，不严格要求自己，也很容易产生自满的情绪，错误地认为自己一贯正确，从而忽略了自己的过错、缺点，也丧失了提高自我修养的机会，所以我们要直面错误，改正错误。

"浪子回头金不换",只有知错就改,才会有进步,知错即改是君子,如果一个人有错不改,君子也再不是君子;如果小人一心向善,有错即改,不是君子也便是君子了。

西施是春秋时期越国的一位美丽女子,孟子说如果她沾染上污秽恶臭的东西,别人看到她也会捂着鼻子走过去;同样我们说电影《巴黎圣母院》中卡西莫多虽然是一个面貌奇丑的人,如果他斋戒沐浴,也可以祭祀上帝,可以在巴黎圣母院做敲钟人,上帝当然会接受他的祭祀,并为他祝福。所以,有美有善不足恃,贵在保持勿失;有丑有恶不足惧,贵在自新。这就是美丑善恶的辩证法,也是改过自新的警语吧!

君子修养闻过则喜、知错即改是一种境界,君子的另一种境界是闻过则喜与人为善。"与人为善"按今天的说法,是指善意帮助别人不使坏。这与孟子所说的意思既密切相关又略有不同。孟子的意思,与人为善就是吸收别人的善言善行,与别人一起行善,而这种与人一起行善的基础是吸取别人的优点、改正自己的缺点。孔子的学生子路有一个很大的优点,就是听到别人给自己指出过错不但不生气反而很高兴。除了子路之外,另一个典范就是大禹,他只要一听到别人对他说有益善言,不仅高兴,而且还要就地下拜,行上一个大礼,比子路更高一层。所以后人称子路为"贤人",称大禹则为"圣人"。至于大禹的老师,传位给他的大舜,他的"乐取于人以为善"即"与人为善",当然比起子路和夏禹就更高一筹了,不仅高兴,不仅下拜,而且还要切实吸取别人的善言善行并付诸行动,这就等于和别人一起行善了。他不但努力向他人学习，加强自我修养，发挥他天性中的善良德性，而且不断虚心接受他人善言，学习他人善行。他听到善言，看到善事，心里面善的情绪就像滔滔江水，又是感谢，又是恭敬。因而，成为历史上的一代圣王。孟子说，大舜以别人的优点来做自己的榜样，并往好去做，这样使原来有善言善行的人更加向善的方面努力；原来非善、无善的人，看见他舍己从人为善，便也跟着他舍己从人为善了。于是人类社会中，善的更善，那些非善、不善的人也趋向于善。所以，君子的所作所为没有比"与人为善"更伟大的德行了。我们说这三位古圣贤中，子路、大禹只做到自己有善，属于"有我"，大舜能影响他人为善，做到了"无我"，所以伟大，我们应效法大舜。

知识小链接

禹：传说夏朝第一位天子，舜传位于他。因治水有功三过家门而不入，后人称他为圣人。

◇ 君子道德修养的重要表现是择善而从 ◇

参考原文

孟子曰:"欲贵者,人之同心也。人人有贵于己者,弗思耳。人之所贵者,非良贵也。赵孟之所贵,赵孟能贱之。《诗》云:'既醉以酒,既饱以德。'言饱乎仁义也,所以不愿人之膏粱之味也;令闻广誉施于身,所以不愿人之文绣也。"(《孟子·告子上》)

曹交问曰:"人皆可以为尧舜,有诸?"孟子曰:"然。""交闻文王十尺,汤九尺,今交九尺四寸以长,食粟而已,如何则可?"曰:"奚有于是?亦为之而已矣。有人于此,力不能胜一匹雏,则为无力人矣;今日举百钧,则为有力人矣。然则举乌获之任,是亦为乌获而已矣。夫人岂以不胜为患哉?弗为耳。徐行后长者谓之弟,疾行先长者谓之不弟。夫徐行者,岂人所不能哉?所不为也。尧舜之道,孝弟而已矣。子服尧之服,诵尧之言,行尧之行,是尧而已矣。子服桀之服,诵桀之言,行桀之行,是桀而已矣。"曰:"交得见于邹君,可以假馆,愿留而受业于门。"曰:"夫道,若大路然,岂难知哉?人病不求耳。子

归而求之,有余师。"(《孟子·告子下》)

孟子曰:"饥者甘食,渴者甘饮,是未得饮食之正也,饥渴害之也。岂惟口腹有饥渴之害?人心亦皆有害。人能无以饥渴之害为心害,则不及人不为忧矣。"(《孟子·尽心上》)

孟子曰:"仁之胜不仁也,犹水胜火。今之为仁者,犹以一杯水,救一车薪之火也;不熄,则谓之水不胜火,此又与于不仁之甚者也,亦终必亡而已矣。"(《孟子·告子上》)

题解　　仁德修养要择善而从。首先表现在"自尊自贵,才是真贵"。"欲贵者,人之同心也。"孟子这些话并没有什么高深的道理,而是反映人们生活中的一个常识。在生活中每个人都希望自己是尊贵的,希望自己是最富裕的,绝对没有人希望自己被别人瞧不起。因此,人应以"自尊自贵"为贵,千万不要把自己最贵的东西抛弃掉,用我们通俗的话来说,叫作"端着金饭碗讨饭吃"。实际上孟子所说的就是"仁义""善性"不要被抛弃掉。孟子认为,实施仁义道德培养自己,不在于权势、地位,不在于别人把好的名声加在我身上,也不需羡慕别人的绣花衣裳。在孟子看来,世上有两种尊贵的东西,一是外在的,即"膏粱文绣",

这是要靠别人给予的；二是内在的，即"仁义道德"，这是不靠别人给予而要靠自己良心发现，自己培育滋养的。前者并不是真正尊贵的东西，因为别人可以给予你也可以剥夺你；后者才是真正尊贵的，别人不可剥夺的。因此，要自己培养仁德才能做到自尊自贵。我们说为人在世不能缺乏自尊、自重、自信。不要悲叹出身贫寒低微，不要抱怨遭人排挤。身处逆境或许能使你奋进、成就你的功业、成就你的辉煌前程，这要感谢命运，感谢困难，甚至要感谢自己的敌人。

孟子曾经说过，圣贤和凡人没有本质上的差别，只不过圣人是先知先觉，凡人是后知后觉，无论知觉的早晚，但最终都能获得自己追求的理想人格，这里孟子说的"人皆可以成为尧舜"，就有这个意思。这种观念植根于"性善论"而鼓励人人向善、人人都可以有所作为。其关键是一个人要有积极的上进心和自信心，要有所为，不要这也不为那也不为。我们每个人要树立起立志向善的信心，从自己力所能及的事情做起不断完善自己，最终成为一个有所作为的人。如果我们不努力奋斗，只是随波逐流做一个平庸的人，是不可成为尧舜的。

那么君子如何修身养性呢？孟子认为，首先心性要正。孟子说："饥者甘食，渴者甘饮。"意思是人在极度饥饿口渴的情况下，吃什么、喝什么都是好的，但这并不是饮食的正味，而是因为人的许多心理上的反应，是自我主观慰藉自己的情绪造成味觉的不同，而对所吃东西并无意识，味道的好坏是个唯心的感受，所以妨害"饮食之正"。孟子认为，如果一个人的心性，能够不受饥渴之妨害，不受生理情绪主观的影响，而对一切事有特别的正知，即正确对待一切事物，择善而从，那才是君子修养的真正选择。因此，仁德修养不能有"饥渴之害"。也就是说，仁德修养也不能饥不择食，渴不择饮。如果一个人能够使心灵不受到类似饥渴那样的妨害，就不会失去选择力和辨别力，对于各种思想意识和观念就会有所认识，有所鉴别，从而选择适合自己的部分加以吸收、消化，使之成为充实自己的精神营养。能够做到这样，即使发现自己有不及他人的地方，那也是很容易迎头赶上的。另外，要使自己的心灵不受到类似饥渴那样的妨害，还必须使心灵经常吸收养分，仁德修养也和身体的营养一样，是一个长期的、循序渐进的过程，既不能揠苗助长，也不能使之饥饿干渴而缺乏养分。只有这样，才能使我们的仁德得到良性发育，茁壮成长，成为一个身心都健康的人。我们说，水能灭火，仁胜不仁，但也必须注意力量的对比，不能用特殊情况否定一般情况。这个道理就是说仁德修养要持之以恒、群策群力方能达到最高境界，形成仁德氛围。正如孟子所说的那样，如果仁义犹如杯水车薪，自然是无济于事。不审时度势，反省自己是否尽到了努力，而是自以为水不可灭火，灰心丧气，丧失斗志，这实际上也是一种自暴自弃放弃追求的态度。所以，当仁者杯水车薪不能取胜于不仁的时候，就应自知努力不够而加强培养德行，并且团结有仁德的人，我拿出杯水之德，你拿出杯水之德，他拿出杯水之德，汇集所有仁德力量，改杯水车薪为桶水车薪，池水车薪。这样再大的火也会水到火灭。

仁义道德

◇ 君子把"仁义"作为最基本的道德修养 ◇

参考原文

子曰:"当仁,不让于师。"(《论语·卫灵公》)

或曰:"以德报怨,何如?"子曰:"何以报德?以直报怨,以德报德。"(《论语·宪问》)

王子垫问曰:"士何事?"孟子曰:"尚志。"曰:"何谓尚志?"曰:"仁义而已矣。杀一无罪,非仁也;非其有而取之,非义也。居恶在?仁是也;路恶在?义是也。居仁由义,大人之事备矣。"

孟子曰:"人之所不学而能者,其良能也;所不虑而知者,其良知也。孩提之童,无不知爱其亲者;及其长也,无不知敬其兄也。亲亲,仁也;敬长,义也。无他,达之天下也。"(《孟子·尽心上》)

题解

儒家认为,仁义礼制是治理国家的根本;法令刑罚,是治理国家的枝末。没有根本就不能长久建立,没有枝末就不能稳定建设。以礼义教化治国,首先要实行仁义，带头做到恭敬谦让，使人民在日常生活中不知不觉就迁善改过，所以，君子都是讲仁义的。这里从孔孟二人阐述的观点来讲"仁义"。首先是孔子讲了仁义的本质。孔子说："当仁，不让于师"。儒家特别强调弟子对老师的尊重，提出了以孝悌之道侍奉师长，但孔子认为，这种尊崇不是盲目地服从、崇拜，而是建立在符合仁的基础上，如果师长之行为与仁道相违背，可以"当仁不让"，也就是说，在面临仁德和真理的时候，即便是对自己的老师也不必谦让。这表现了孔子勇于追求真理、捍卫仁德正义的勇气和决心。所以，他说在仁面前人人平等，不必谦让师长或他人。这也呼应了古希腊哲学家亚里士多德那句名言："吾爱吾师，吾更爱真理。"因为真理高于一切，每个人都必须通过自己的理性去领悟真理、追求真理。另一个方面，只要是行仁义维护坚持真理的事，就要自告奋勇，积极主动上前，而不要谦让于其他的人。所以今天我们在学习和工作中要有持之以恒的精神，不仅要有独立的主见，更要有独立思考、追求真理的决心。

以德报怨，源于老子的思想，属仁义范畴，道的推究。孔子认为，以德报怨看上去更为宽容，但不够正直。"仁"的理想本来是推己及人、明辨是非、讲究公正和原则的，用恩德回报怨恨，这是不符合人之常情，违背了"仁"的本质意义。最典型最极端的做法是基督教《圣经》上所说的，你在我左脸上打了一记耳光，我不仅不还手，不躲避，反而再送上右脸让你打一记耳光。或者用我们中国的说法，就是"唾面自干"，"当有人吐痰在你脸上，要忍让不要擦掉应该让它自己在脸上干掉",这样唾面自干的修养功夫一般人真是很难做到。其实孔子并不赞成这样的做法。他主张用正直的行为去回报别人的怨恨,用恩德去回报别人的恩德。所谓用正直的行为去回报别人的怨恨,那就并不排除对那些恶意怨恨的反击。我们说,对待善恶是非还是应当恩怨分明,而不是一味地忍气吞声,逆来顺受,不讲是非原则地以德报怨,而应该有怨报怨,有德报德,如果忍怨而不报,不明是非,这也不是人之常情。当然,圣人也并不主张以怨报怨。你不仁,我不义;你打我一拳,我踢你一脚。所谓"冤冤相报何时了",无休无止地斗下去,不利于社会的和谐稳定。其实,"以直报怨"就是在遇到冲突时,不要逆来顺受,委曲求全,也不要记恨在心,睚眦必报,而是要在坚持原则的基础上对人多点宽容,这才是一种情理兼顾的为人处世方式,才是真正的宽恕豁达。

知识小链接

老子,名李耳,春秋末期楚国人,道家学派的创始人,著有《道德经》,以道说明宇宙万物的演变,认为"道生一,一生二,二生三,三生万物"及"道法自然",又认为精神事物都有正反两面的对立,并且相互转化,"祸兮福之所倚,福兮祸之所伏",主张"知足常乐,无为而治"。他的《道德经》是为后世的中国哲学家留下的丰厚遗产。

孟子的"士尚志",本意说的是一个学者、知识分子活在世上应该做些什么，有什么责任。也就是说，士人的修养就在于使自己的志行高尚，而高尚的标准就是"以仁为家，以义为路"。强调读书人要立志施行仁义，失去了这一点，读书人也就不能称其为读书人了。由此影响到后世的读书人直接把"尚志"作为自己的精神寄托，把"仁""义"作为最基本的道德品质。

孟子讲"仁义"还涉及一个"良知""良能"的问题。其本意是说，人的本性是与生俱来，人人皆有的。比如说，亲爱父母，尊敬兄长，这就是人的良知良能，不用教导，不用学习就知道。进一步推导，亲爱父母是仁，尊敬兄长是义，所以，仁义也是属于人的良知、良能范围。但有人认为，"不经过考虑而知道"就是良知，像有的人看见穷人家有两只鸡，还是会不加考虑地偷来，这种不虑而知道去偷的知，难道也是良知吗？"不学你就会做"，就是"良能"。那么小孩子偷糖果吃也是良能吗？其实，小孩子不学而能的事多得很，孩子的破坏性很大，见到东西尤其是见到新奇的东西，喜欢拆解破坏，对一些小动物喜欢伤害，这也是良能吗？还有就是"孩童生下来就知道爱父母，尊敬兄长"是良知良能，这说得太笼统了。"孩提"统统爱父母是不一定的，有很多的孩子天生就不喜欢自己的父母。严格说来，婴儿喜欢母亲也并不是由于仁义孝心，只是他需要吃母亲的奶水。如果换一个人给孩子奶水吃，他便爱另外一个母亲，这就是"有奶便是娘"的道理。因此，小孩爱父母，不是基于人性的善良即仁义，而是为了自身的需要。不过，应该说儒家要实现全天下施"仁"，人们行仁义，国君施仁政，使天下成为仁爱礼让的大同世界的理想是非常不错的，其主张人性向善，主张仁爱礼让也是很有吸引力的。至于孟子所说的良知良能是否存在，那就只有各人扪心自问体察自身，从而做出各自的回答了，但到亲爱父母、尊敬兄长这一条还是通行天下的伦理道德。

孟子还说过，君子要有同情心、羞耻心、谦让心、是非心"四心"。同情心是仁的发端，羞耻心是义的发端，谦让心是礼的发端，是非心是智的发端。说到底"四心"就是"仁义礼智"四种道德范畴的发端。孟子主张人性本善，强调天赋道德，推行仁爱政治，这些都具有积极的时代意义，但孟子把"仁、义、礼、智"这些伦理说成是人的天性，是一种"先验论"人性观，是不是应当鉴别研判吸收呢？做人应该仁义礼让、见义勇为，不应该迷崇鬼神胡乱"祭祀"。孔子说："非其鬼而祭之，谄也；见义不为，无勇也。"（《论语·为政》）在孔子看来，做任何事情都应该合乎礼义，祭祀是一种很庄重、很严肃的事情，人们通过祭祀鬼神天地祖先，表达对先祖的感恩，对天地的敬畏，对自然的尊崇。然而如果不用礼来节制，胡乱祭祀就违背祭祀的本意，这就是谄媚。中国古代很多统治者不修养自己的道德却去迷崇鬼神，以为如此就能求福避难，孔子认为是十分荒唐的。只有修德爱民，才能赢得人们的拥护和爱戴。同样，在今天应"见义勇为，路见不平，拔刀相助"，见到行窃抢匪作恶犯罪应挺身而出；见到老人跌倒、有人落水应义无反顾勇往直前搀扶救人，这才是君子讲的仁义。

◇ 君子修养应兼有仁与智的品质 ◇

参考原文

子曰:"知者乐水,仁者乐山;知者动,仁者静;知者乐,仁者寿。"(《论语·雍也》)

樊迟问仁。子曰:"爱人。"问知。子曰:"知人。"樊迟未达。子曰:"举直错诸枉,能使枉者直。"樊迟退,见子夏曰:"乡也吾见于夫子而问知,子曰:'举直错诸枉,能使枉者直',何谓也?"子夏曰:"富哉言乎!舜有天下,选于众,举皋陶,不仁者远矣。汤有天下,选于众,举伊尹,不仁者远矣。"(《论语·颜渊》)

子路问成人。子曰:"若臧武仲之知,公绰之不欲,卞庄子之勇,冉求之艺,文之以礼乐,亦可以为成人矣。"曰:"今之成人者何必然?见利思义,见危授命,久要不忘平生之言,亦可以为成人矣。"(《论语·宪问》)

孟子曰:"知者无不知也,当务之为急;仁者无不爱也,急亲贤之为务。尧舜之知而不遍物,急先务也;尧舜之仁不遍爱人,急亲贤也。不能三年之丧,而缌、小功之察;放饭流歠,而问无齿决,是之谓不知务。"《孟子·尽心上》

题解 　　这里的"知者乐水，仁者乐山"，是孔子以水和山为喻，来说明智者（古代知通智）和仁者内心与外在的特征。水流宛转涌动，充满动感变化，智者运用才智以治世，贵在变通灵活，好比水之变动不居，故乐水。山安稳凝重不动，充满了化育万物的涵养和厚重，仁者以仁为归，贵在择善而从，故乐山。智者心思活跃，故灵动而快乐；仁者其心守仁，宁静而不忧，故悠闲而长寿。《韩诗外传》对"知者乐水，仁者乐山"更有一番生动的描绘，说水沿着河道奔流，好像是循理；居于最低的地方，好像是礼让；从悬崖跳入深渊，好像是勇敢；源远流长，好像是德有所成；滋润万物，安定国家，好像是仁义的品性，而智者就具有上述所有的特点，所以乐水。至于山，它能给草木提供生长之地，给鸟兽提供安身之所，给百姓提供财货之用；其风云雨露，与阴阳合拍，以此滋生万物，供养百姓，体现了博大的胸怀、无私奉献的精神，类似于仁者，所以仁者乐山。不过，快乐是人人憧憬的，长寿是人人盼望的，你如果问一般人乐水还是乐山，所得的回答多半是山水都乐。因为山水各有千秋，仁、智都是我们的追求，即使力不能及，也要心向往之。当然，就实际情况来看，每个人性情有所不同，的确还是有人乐水，有人乐山。如果乐水，做智慧的人快乐逍遥，就要活到老学到老，跟随时代的脚步，充实自己，完善自己；如果乐山，做有道德的人长寿安泰，就要坚持做人的原则，遵循仁义的真理，不断反省自己，提升自己。如果既要做一个智者，又要做一个仁者，既通达事理，又静思追远，这样的生命当然是快乐又长寿的。

知识小链接

《韩诗外传》相传为汉朝韩婴著，属于今文经学著作，是一部由360条趣闻轶事、道德说教、伦理规范以及实际忠告等不同内容组成的杂编，一般每条都以一句恰当的《诗经》引文作结论，以支持政事或论辩中的观点，就其书与《诗经》联系的程度而论，它对《诗经》既不是注释，也不是阐发，而是一般的引文。

仁是孔子伦理思想的核心，包含着"爱人"和"知人"两部分内容。仁者是充满慈爱之心，爱护众人的人；智者是了解别人知人善任，尤其善于识别人的人。由于孔子学生樊迟对智者识别人的道理不太理解，又引发了孔子对仁的一番解释。孔子说所谓仁者就是爱人，但不是毫无原则的爱，而是要在智的基础上了解他人，辨明哪个人正直哪个人不正直，哪个人是正人君子，哪个人是奸邪的小人。君子要爱正直的人，远离奸邪的人。如果是从政为官，就应知道什么人是忠心为国，什么人是阿谀奉承。当然，这里孔子讲的是治国方略，如何识别和选拔人才的问题，但事实上无论做官还是为人，都必须修养"仁""智"的品质，做一个真正的"智者"和"仁者"，"仁"是"智"的根本。通常所说的"智"，本身不具有道德性质，当它与行"仁"的目标吻合时，才形成了《论语》中的"知"。在一个社会中，个人的"知"与群体的"知"会产生交互性作用，群体的"知"会对个人的"知"产生正、负两方面的影响。孟子曾说："得道多助，失道寡助。"这句话已经得到过历史的无数次验证。其根本原理就是得道者行仁，因而能够得到全天下人的拥护，形成"一个好汉三个帮"的局面，事业自然就顺利；而失道者与百姓民生的需求背道而驰，最终遭到民众的奋起反抗而落得个国破家亡的下场。《史记·殷本纪》中记载商纣王尽管天资过人，非常聪明，不但力大无穷，而且能言善辩，但他在执政的晚期，以一人之智，敌天下之智，最终沦于败亡。所以说君子为人既要有智慧又要有仁德。

知识小链接

《史记》又名《太史公书》，传为司马迁撰。司马迁，字子夏，夏阳人，公元前108年他接替父亲任汉武帝的太史令，并继承父亲遗志开始撰《太史公书》，即《史记》。公元前99年，汉将李陵降匈奴，司马迁为其辩解，武帝震怒，将其下狱，处腐刑。出狱后任中书令发愤完成《史记》。《史记》全书130篇，分本纪、年表、书、世家、列传五类，司马迁以形象生动的语言、细致入微的人物刻画和秉笔直书的严谨态度，记述了传说中的黄帝一直到汉武帝两千多年的历史，是一部优秀的历史著作和传记文学著作。《史记》所体现的进步史观和创造性的传纪史体例，在两千多年中一直是一范例。

要做一个人格完善的人并不那么容易。俗话说："金无足赤，人无完人。"所以，孔子这里所论的完人也有相对性。通常而言，完人是智、仁、勇、廉、才、艺兼备而又具有礼乐修养的人，但现实中这样完美的人是很难找到的。所以，孔子退而求其次，提出了现实中所谓完人的标准，就是能够重视道义，轻视利禄和生命，无论贫困还是富贵，不忘平生诺言，就可以是完人。这个标准很有现实性和针对性，具体而易于实践，直到今天，也仍然可以用来检验自己或身边周围的人。比如说见利思义的问题，在巨大的利益面前是见利忘义、唯利是图还是见利思义，这时候最能检验一个人。又比如说临危授命的问题，现实生活中在危难的时候，我们是挺身而出，还是东推西卸，不挑担子，不负责任，这些都是检验一个人的标准。至于说在困顿中不忘平时的诺言，坚守节操，坚持探索与追求，就更是我们在人生的征途上必不可少的了。谁能够保证自己一生就一帆风顺，不遇到困顿与挫折呢？关键是要有一颗永不言败、不畏困难、不怕挫折、勇于追求、死守节操的心。不管经历怎样的考验，都要言行一致，将说过的话落实在行动中。当然，所有这些并不是说要你全部做到，成为一个完人，而是说我们可以用孔子关于完人的标准来检验衡量自己的行为，在人生的征途上尽力做得好一点，使自己成为一个智、仁、勇且堂堂正正的人，如此而已。

孟子对智、仁的看法是，主张凡事要有轻重缓急，也就是要有"识时务的"大智慧。一个真正的智者在处理许多事务时，就看哪一件事在时间、空间上最为要紧，要先做紧要的，这就是"当务之急"。如果抓住了小的却失去了大的，抓住了次要的却失去了主要的，因小失大，舍本逐末，这就叫作"不识时务"。这就告诉我们做事就要抓住当前急切应办的事先做，一步一步来，最后才圆满。同样，一个仁者心怀仁慈，对万事万物都慈悲，对所有人都爱，这也是一下子难以做到的。第一步要亲近有贤德的人，然后有了仁心才能救天下。中国历史上有名望的贤君尧和舜，他们也不可能一下子把天下治理好，也要先去做最重要的事情。他们爱天下老百姓，但不能平均普遍地去爱所有的老百姓，而是首先要找好贤仁的人来治理并教化老百姓，引导老百姓行善施仁。国家的情况是这样，个人的生活、工作也同样是这样。事实上，一个人的能力总是有限的，要同时进行各方面的工作，全面开花是不可能的。所谓"饭要一口一口地吃，事情要一件一件地做"。总之，做事当分清主次先后、轻重缓急，否则便是不识大体、不知时务，这不也是君子应有的"仁智"品质吗？

◇ 君子持之有德才能赢得他人的尊重 ◇

参考原文

子贡曰："君子亦有恶乎？"子曰："有恶。恶称人之恶者，恶居下流而讪上者，恶勇而无礼者，恶果敢而窒者。"曰："赐也亦有恶乎？""恶徼以为知者，恶不孙以为勇者，恶讦以为直者。"（《论语·阳货》）

子曰："巧言令色，鲜矣仁。"（《论语·学而》）

孟子曰："君子所以异于人者，以其存心也。君子以仁存心，以礼存心。仁者爱人，有礼者敬人。爱人者人恒爱之；敬人者人恒敬之。有人于此，其待我以横逆，则君子必自反也：我必不仁也，必无礼也，此物奚宜至哉？其自反而仁矣，自反而有礼矣，其横逆由是也，君子必自反也：我必不忠。自反而忠矣，其横逆由是也，君子曰：'此亦妄人也已矣'。如此，则与禽兽奚择哉？于禽兽又何难焉，是故君子有终身之忧，无一朝之患也。乃若所忧则有之：舜，人也；我，亦人也。舜为法于天下，可传于后世，我由未免为乡人也，是则可忧也。忧则如何？如舜而已矣。若夫君子

所患则亡矣。非仁无为也，非礼无行也。如有一朝之患，则君子不患矣。"（《孟子·离娄下》）

题解　孔子认为，真正有仁德的君子应该有正确的好恶观，所以他虽然讲博爱，但也有憎恶，并非是无原则、无是非地爱一切人的好好先生。君子应憎恶什么，这里孔子和学生子贡的憎恶加起来，一共是七种，其中突出表现的有三种：一是憎恶宣扬别人坏处的人，孔子提倡"隐恶而扬善"的品质。二是憎恶把袭取别人的成绩当作自己成名捷径的"聪明人"。就像当今有些人袭取别人成果当作自己的成果，瞒天过海，欺世盗名。三是憎恶把揭发别人的短处当作直率的人。孔子并不认为揭发别人的隐私或短处是直率，而是主张说人家的好而不说人家的坏。儒家的这种观点有些是符合当今时代的，有些则反映出时代的局限性。毁谤上司、勇而无礼、刚愎自用等等，其弊病不言而喻，这都是没有仁德的人，而君子以修养仁德为毕生追求，必然厌恶这些没有仁德的人。君子不会做这样的人，而是敢于爱好人，也敢于憎恶坏人。当然，我们倒不必一定完全同意孔子的观点，但如果我们能避免一些另人憎恶的行为，有助于我们知人论世，有助于我们今后努力修养自身，减少缺点，做一个不被人厌恶而受人尊敬的真正君子。

孔子还憎恶的是巧言令色，也就是花言巧语者，表面讨好别人，实际上只图达到个人目的。这种巧言令色的人往往空谈巧言，心口不一，轻薄不务实，一味追求外在悦人而不去修养内心的仁德；摆着伪善的面孔混迹于人群之中，摇唇鼓舌，惑乱人心，使人受骗上当，是让人十分鄙弃的。我们可以学习圣人经验，努力做到把道德修养与自己的生活结合起来，避免"巧言令色"的行为，不做阿谀奉承之徒，踏踏实实，对朋友、同事诚实有信，在生活中维护公平正义，坚守自己的节操，做一个有修养、有道德的君子，做一个受人尊敬的人。

《孟子·离娄下》说，君子内心所怀的念头是仁，是礼。仁爱的人爱别人，礼让的人尊敬别人。爱别人的人，别人也经常爱他；尊敬别人的人，别人也经常尊敬他。所以说君子有终身的忧虑，但没有一朝一夕的祸患。所谓有道德的人，就是要在生活中从最基本的"仁爱""礼让""孝悌"做起，小事虽小，只要去做，无憾无悔，依旧可以培养自己的情操德行。因此，我们要学习圣贤尧和舜，不是仁爱的事不干，不合于礼的事不做。即使有一朝一夕的祸患来到，君子也要成人之美，不要成人之恶，这样就会减少怨恨，增加友谊，君子也就不会感到忧患了。"爱人者人恒爱之，敬人者人恒敬之"告诉我们做人要互爱互敬。我们实际上做得怎么样呢？恐怕也应该接受孟子的建议，来一点反躬自省吧。只有一贯保持德行，即仁者爱人、敬人，才能赢得他人所爱，被他人所尊重。孔子说："德不孤，必有邻。"(《论语·里仁》)讲的就是君子对人对社会持有一种尊重的态度,并为此做出努力做出贡献,做一个有德行的人,必然会得到他人的尊重,得到社会民众的广泛支持。同样,君子在坚持道义的情况下,必然会与他人团结,不仅不会被孤立,而且必然会受到他人及社会的尊重。

谦虚谨慎

◇ 谦虚谨慎是君子为人的法则 ◇

参考原文

子曰:"恭而无礼则劳,慎而无礼则葸,勇而无礼则乱,直而无礼则绞。君子笃于亲,则民兴于仁;故旧不遗,则民不偷。"

曾子曰:"以能问于不能,以多问于寡;有若无,实若虚;犯而不校。昔者吾友尝从事于斯矣。"(《论语·泰伯》)

子曰:"孟之反不伐,奔而殿,将入门,策其马,曰:'非敢后也,马不进也。'"(《论语·雍也》)

孟子曰:"矢人岂不仁于函人哉?矢人唯恐不伤人,函人唯恐伤人。巫匠亦然。故术不可不慎也。孔子曰:'里仁为美,择不处仁,焉得智?'夫仁,天之尊爵也,人之安宅也。莫之御而不仁,是不智也。不仁不智,无礼无义,人役也。人役而耻为役,由弓人而耻为弓,矢人而耻为矢也。如耻之,莫如为仁。仁者如射:射者正己而后发;

发而不中,不怨胜己者,反求诸己而已矣。"(《孟子·公孙丑上》)

题解　　为人处世要谦虚谨慎,这是君子做人的法则。《周易·谦》中说,天的法则是减损盈满者,增益谦虚者;地的法则是改变盈满者,充实谦虚者;鬼神的法则是伤害盈满者,施福谦虚者;人类的法则是憎恶盈满者,喜欢谦虚者。谦虚者若位居尊贵,他的道德更显光明;即使位居卑下,他的道德也不可超越;君子处于尊位或卑位,均能终生保持谦虚的美德,同时获得谦虚带来的终生福报。《尚书》中说,只要德行能感通天地,无论多远的人都会来归顺。自满会招来损害,谦虚会得到益处,这是自然的规律。所以孔子主张做人要谦虚谨慎,一切要以礼为标准恰到好处。恭敬、谨慎、勇敢、直率从一般意义来说都是属于好的品格,但如果不用礼来进行规范、节制,也会出问题。这里的礼是指礼法,即礼的法度,其核心是"中",也就是指凡事都要合情合理,无过也无不及。比如,对人恭敬当然是好,但如果一味恭敬,恭敬得过了头,就会显得唯唯诺诺,卑躬屈膝。用孔子的话来说,就会"劳倦",用今天的话来说,就是"你活得累不累啊!"因为他逢人便打躬作揖,恭敬有加,而不是按照礼法,该恭敬时恭敬，该不卑不亢时不卑不亢。谨慎也是这样，谨言慎行很好，但如果一味谨慎，则成了谨小慎微，走路怕踩死了蚂蚁，树叶掉下来怕打破了头，畏畏缩缩，窝囊无能，结果是一事无成。同样，勇敢如果不按礼的要求就会盲动闯祸，当然是要出大乱子的了。直率是个性坦白，是就是，不是就不是；对就对，不对就不对，说话不转弯抹角，直来直去。这本来也没有什么不对，人们还常常很喜欢这种人，但一个人如果太直率了，直得一点也不知回避转弯，那往往说出的话会让人下不了台。所以，无论是什么品格，一定要用礼来加以节制，加以中和调节，这样才能使言行合度，符合社会规范。孔子一再强调："不学礼就不知如何立身""不合礼的不看，不合礼的不听，不合礼的不说，不合礼的不做"。这些既符合礼制规定，也是为人谦虚谨慎的表现。谦虚谨慎是人的美德，有德行的人都应该保持谦虚谨慎的态度，这样才能不断提升自己。《易经》上说："有一个道理能按着去做，大能保住天下，中能保住国家，小能保全自身，这个道理就是谦虚。"人们常说：满招损，谦受益。现实中，一个人即使并不自满，而只是才华横溢，锋芒毕露，也都容易受到别人的攻击，受到损伤。因为你的流光溢彩使周围的人相形见绌，黯然失色，所以，你越能干，事情做得越完美，就越容易得罪人。也许你完全没有意识到这一点，甚至百思不得其解，可事实就是如此，所以，凡事当留有余地，不要那么锋芒毕露，咄咄逼人，让人感到需要你却受不了你的威慑。当然，要做到这一点，古人告诉我们有时需要装"傻"。明知故问，明明知道他不如自己也去向他请教；

明明自己懂得很多，却把它埋藏在心底，表面上做出一副什么都不懂的样子，给别人一个表现的机会。有了这些，再加上人家冒犯了自己也不针锋相对地去计较，这就不会对他人构成威慑了，也就可以适当避免受到他人的攻击和中伤。当然，这样做也许会失去很多，至少变得谨小慎微，活得不那么潇洒自如。更何况，对很多人来说，天性注定"才华横溢"，才华多了就是要"溢"出来；所谓"锋芒毕露"，既有锋芒，它就是要"露"，要"脱颖而出"。不过，做人还是要像孟之反那样不自夸不居功，始终保持谦虚谨慎、不自满自大的态度，保持虚怀若谷、海纳百川的心胸，这才是真正的修养功夫。

知识小链接

孟之反，名侧，春秋时鲁国大夫。据《左传》记载，鲁国与齐国交战，鲁军大败，作为统帅的孟之反留在后面掩护大军撤退，免于全军覆没，当大军安全撤回最后进城门时，他却故意鞭打着马说"不是我敢于殿后，而是我的马跑不动呀！"因此，孔子赞扬他不居功，不自夸。

孟子对谦虚谨慎的见解另有一番哲理，他所提出的"术不可不慎"的问题很有意思。造箭的人生怕自己所造的箭不能够射伤人，而造铠甲的人却生怕自己所造的铠甲保护不了人。巫人（以占筮方式治病的人）生怕自己的巫术不高明救不了人，而棺材店的老板却生怕没有人死，棺材卖不出去。这并不是因为造箭的人和棺材店的老板就一定没有造铠甲的人和巫师仁慈，而是职业不同使他们各自产生出不同的职业心理。所以，孟子得出结论说："术不可不慎。"选择职业一定要谨慎，这是一层意思。另一层意思，这里的"术"字不单是技术、技能，也是指权衡变通的方法、原则，包括为人处世的分寸。虽然一个人从事的职业和谋生技能与善恶道德没有决定的关系，但是也不能不谨慎。事实上，在日常生活中，做善事、布施等，如果做得不好、不适当也会有不好的结果，这是不是要谨慎呢？从职业心理上讲，如果大家都把孟子的话听进去了，谁还愿意去做造军火的人，去开棺材店或殡仪馆呢？但是在现实中，的确有职业的差异存在，只不过不同的时代不同人有不同衡量标准罢了。比如说，孟子所提出来的造弓箭的人和卖棺材的人的问题，从不同的角度来理解，造弓箭的人是为了用箭去射杀敌人，卖棺材的人是为了让人死后尸首有安放之处，不也就都是"仁"了吗？所以，造军火或开棺材店和殡仪馆不就都是可以选择的职业了吗？那么，有没有的确不可以选择的职业呢？当然也是有的，比如说走私贩毒、行窃聚赌、杀人越货，是一定不能选择的！归根到底，做任何事，都要谨慎选择。所以我们在职业上的选择，有必要记住孟老夫子的那句话："故术不可不慎也。"另外，要掌握为人处世的分寸。行仁、做善事往往得不到好的结果，那又是怎么回事呢？如果想问题从反面出发，往往有助于成功。孟子认为，实行"仁"就好比是射箭，射箭的人先要端正自己的姿势然后才发射，射出而没有射中，不埋怨胜过自己的人，而是要反过来找自己的原因和问题。这说明人应该善于自我反省，意识到自身不足，找到通向成功的正确方法，才能达到预期的目标。这是不是一种为人处世必须谦虚谨慎的表现呢？

◇ 君子的行为准则是勤于事慎于言 ◇

参考原文

陈子禽谓子贡曰:"子为恭也,仲尼岂贤于子乎?"子贡曰:"君子一言以为知,一言以为不知,言不可不慎也!夫子之不可及也,犹天之不可阶而升也。夫子之得邦家者,所谓立之斯立,道之斯行,绥之斯来,动之斯和。其生也荣,其死也哀,如之何其可及也?"(《论语·子张》)

司马牛问仁。子曰:"仁者,其言也讱。"曰:"其言也讱,斯谓之仁已乎?"子曰:"为之难,言之得无讱乎?"(《论语·颜渊》)

子曰:"古者言之不出,耻躬之不逮也。"(《论语·里仁》)

孟子曰:"人皆有所不忍,达之于其所忍,仁也;……士未可以言而言,是以言餂之也;可以言而不言,是以不言餂之也,是皆穿逾之类也。"(《孟子·尽心下》)

题解

孔子生于一个礼崩乐坏的春秋时代,无论在生前还是死后,他都是一个具有争议的思想家,他的所思、所为、所行不可避免地激起和引发各种不同的反应。

如执政大夫的排挤，时人的诋毁，隐者的嘲讽，以及学生和同道人士的赞赏和拥护等等。尤其郑人（郑国有人）把他周游列国途中遇到困顿、狼狈不堪，描写为"累累若丧家犬"。当然也有人赞扬他，"在天下无道的情况下只有孔子才会传道天下"。这里孔子学生陈子禽要诋毁孔子，认为孔子不如学生子贡贤，但子贡十分敬重自己的老师，认为孔子的德行如天地般伟大，如日月般光明，不是他人可以比得了的。这是子贡在捍卫老师的尊严，批评别人贬低孔子而抬高自己的错误做法，提醒陈子禽为人说话不可不慎重。这个故事反映了一个人的言谈的确很重要，有的人一句话就可以显露出聪明多智，有的人却一开口就错，显得愚不可及。古人以"讷于言而敏于行"作为仁的标准，所以在没有弄清楚事情真相的时候，一定不要冒失轻浮地乱发议论，还是那句话："行事要勤敏，语言要慎重。"所谓"沉默是金"，就是凡事不要多嘴多舌，如果不能做到沉默，也要少说为佳，这是做人的诀窍。

孔子教育学生都是因人而异，教育方法不尽相同。对道德修养好的学生，着重要求进一步提高德行，如对仲弓、颜渊问仁，孔子作了"克己复礼"与"己所不欲，勿施于人"的正面教导。对多言而躁、夸夸其谈的学生司马牛，孔子告诫他慎重言辞，要多做少说，不要夸夸其谈，以免真相败露，贻笑大方。孔子还批评那些在路上听到传言就四处传播的行为，是道德所摒弃的。淫言往往是三人成虎，众口铄金。谗言三至，慈母不亲。有史记载，据说孔子的学生曾参住在郑国的时候，一个与他同名的人杀了人，有人跑去告诉曾参母亲说："可不得了啦，曾参杀人了！"曾母不信，只管织布。一会儿，又有一个人来告诉曾母："曾参杀人了！"曾母还是不信。可是，等到第三个人来说同样的话时，她便立即起身而逃了。之所以谗言三及，都是道听途说的人造成的，是会害人害己、祸国殃民的。另外，孔子反对背后说别人的坏话，因为这不仅会惹祸上身，后患无穷，而且也会失去不少亲人、同事与朋友。但事实上，"谁人背后无人说，哪个人前不说人？"人的劣根性的确存在，这都是与道德相违背的，每个人都应加强道德品质修养，规范自己的言行。

"谨于言慎于行"，孔子说还要做到严于律己、宽以待人。具体表现是应该多批评自己，少责怪别人，这样就会远离怨恨了。凡事多作自我批评，这既是儒者的反躬自省功夫，也是我们今天仍然倡导的思想修养。现实中很多人往往"厚"责于人，把一切功劳归于自己，把一切错误推给别人，怨恨也就随之而起了。正是针对这种情况，孔子才语重心长地教诲学生要严格地要求自己，对别人要采取宽容的态度，在责备和批评别人的时候应该尽量做到和缓和宽厚，营造宽松的生活和工作环境，这样就不会招来别人的怨恨了。这从主观方面来说能反映一个人的思想修养，从客观方面来说一个正确处理人际关系的方式。孔子还认为，古人以言语跟不上实际行动为耻辱。说到底还是做人要谨言慎行，对任何人不要轻易许诺，对任何事不要轻易表态。如果说出的话做不到就会失信于人，威信就会下降，所以，说话一定不要言过其实，大言不惭，夸夸其谈。一句话，要多做少说，先做后说，说到做到，不放空炮。其实关于言与行的问题，孔子作了多次强调。在《论语·为政》篇里说过："先行，其言而后从之。"都是要求言行一致，多做少说。夸夸其谈，言过其实，十有八九成事不足，败事有余。

孟子对言与不言有另一番看法。孟子认为，读书人说话要慎重。不可以交谈而去交谈，这是用语言试探对方来取利，可以交谈而不去交谈这是用沉默试探对方来取利，这都是钻洞爬墙一类的行径。过去孔子谈"言与不言"只说是一个人智与不智的问题，到了孟子这里就属于仁与不仁的范畴了，其实这是受不同时代因素的影响。孟子时代，游说风起，摇唇鼓舌之士，心术隐伏，欺世盗名，无异于窃人财物。孟子对此深恶痛绝，斥之为钻洞爬墙的贼。其实，口是祸之门，舌是斩身刀。说与不说需要斟酌，弄不好惹是生非，甚至招来杀身之祸。《孟子·尽心下》中孟子言在齐国做官的盆成括，就是不懂得做人要"仁义行之""谦顺处之"的道理，没有做到谨言慎行而被杀。

古人说："君子明足以察奸而仁义行之，智足以成事而谦顺处之。"就是要有所涵养，有所藏敛，小事上容得下，放得开，得饶人处且饶人，不必一个钉子一个眼，有时候甚至要睁只眼闭只眼，"糊涂"一点才好。作为君子应力戒小聪明而修炼大家风度，大雅风范，宰相肚里能撑船，也就是行"君子之大道"。另一方面，既然我们知道当不当说有这些讲究，知道有这种通过语言和沉默来取利的行为存在，那我们也应该知道，这种"钻洞爬墙之类"的言语之盗很可能就在我们的身边，在我们生活环境中，钻语言的洞，爬思想的墙，我们也该多一个心眼多辨别，提防着点那"钻洞爬墙"的贼。

◇ 君子谨言慎行必须把握时机与分寸 ◇

参考原文

孔子曰:"侍于君子有三愆:言未及之而言谓之躁;言及之而不言谓之隐,未见颜色而言谓之瞽。"(《论语·季氏》)

子曰:"可与言而不与之言,失人;不可与言而与之言,失言。知者不失人,亦不失言。"(《论语·卫灵公》)

子曰:"邦有道,危言危行;邦无道,危行言孙。"

子问公叔文子于公明贾曰:"信乎?夫子不言,不笑,不取乎?"公明贾曰:"以告者过也。夫子时然后言,人不厌其言;乐然后笑,人不厌其笑;义然后取,人不厌其取。"子曰:"其然,岂其然乎?"(《论语·宪问》)

题解

谦虚谨慎,不仅说话要小心,做事要谨慎,而且说话还要注意择时择人,把握好时机与分寸,否则也会惹祸上身。这里孔子讲君子在长官、前辈面前说话要注意的三个毛病,的确也是一般人容易犯的。第一个毛病是急躁鲁莽、爱出风头,没有耐心听别人说话的涵养。对于一个领导者来说，如要集思广益、多听谏言，这一点尤其值得注意。第二个毛病是隐瞒、不坦诚，该说话的时候不说，给人以城府很深的感觉，这样很容易失去朋友。第三个毛病是说话只顾自己痛快，不看别人的脸色和反应，夸夸其谈，信口开河。这类人往往得罪了人自己还不知道，尤其不适合做与人交往、接待、洽谈等方面的工作。俗话说："良言一句三冬暖，恶语伤人六月寒"。把握好说话的时机与分寸，是一种非常有用的礼节，也是需要掌握的一门艺术。说话得体不失容、不失人，是君子谦虚谨慎的。

　　说话是一门富有哲学的艺术，不少人一辈子也没搞懂。一方面，要认识言语的重要性。三寸不烂之舌，敌过百万之师。因此，要把握好说话的时机，可以说话的时候不去说话，是失去机会，失去人。另一方面，要切记"病从口入，祸从口出"。"出言不当，反自伤也。"（《说苑》）当说就说，不当说就不说。要看人说话，不轻易开口。一旦开口，说得得体，就不会失去朋友；不值得讲的，就要保持沉默，这样就不会说错话，得罪朋友。说话尤其应注意的莫过于治世与乱世的言行，政治清明说话办事都无所顾忌，可以放心说话，放心做事；反之则需要言语谨慎，既要正直做人，又要注意保全自己，避免祸从口出，招致危害。这是孔子教我们说话的技巧、处世的艺术，也是生活的经验，保全自己的基本原则，所以我们要严于律己，要用礼法约束自己，谨言慎行，不放纵，不浮泛。如果能像曾子所做到的那样，一日三省，进行自我检查，一定能够少犯错误甚至不犯错误。

知识小链接

《说苑》又名《新苑》，古代杂史小说集，东汉刘向编纂，成书于鸿嘉四年（公元前17年）。原二十卷，后仅存五卷，大部分已经散佚，后经宋代曾巩搜辑，复为二十卷，每卷各有标目。

凡事有原则，言笑有分寸，这是一种君子风范。孔子虽然对本篇故事中的卫国大夫公叔文子是否真是这样做还有所怀疑，但对这样做的正确性却是加以肯定的。公叔文子的做法概括起来说就是恰到好处，恰如其分。该说话的时候就说话，每说出一句话都有分量，令人信服，从不说别人的是非；快乐的时候就笑，笑的时候真诚开怀，而不敷衍做作；该获取利的时候就获取，也就是符合礼义的利可以获取，但适可而取，不故意标榜自己的清高。反之，不该说的时候就不说，尤其是不该获取的时候就不要获取，不合礼义的利是要不得的。归结起来就是，凡事都有原则，言笑有分寸、有修养。真正的人生修养通常体现在这些生活小节上，就是言笑合度，真诚有礼，见危致命，见利思义，取利有道，而其调节的杠杆便是恰到好处。当然，最大的难度也正是"恰到好处"。所以，为人要有"诚"与"敬"的精神和处世智慧。公叔文子是政界要人，能够在"言、笑、取"方面对把握时机与分寸拿捏得很好，实在是非常不容易。

为学修身

◇ 好学是君子提升自我的前提 ◇

参考原文

子曰:"君子食无求饱,居无求安,敏于事而慎于言,就有道而正焉,可谓好学也已。"(《论语·学而》)

子曰:"由也!女闻六言六蔽矣乎?"对曰:"未也。""居!吾语女。好仁不好学,其蔽也愚;好知不好学,其蔽也荡;好信不好学,其蔽也贼;好直不好学,其蔽也绞;好勇不好学,其蔽也乱;好刚不好学,其蔽也狂。"(《论语·阳货》)

子夏曰:"贤贤易色;事父母,能竭其力;事君,能致其身;与朋友交,言而有信。虽曰未学,吾必谓之学矣。"(《论语·学而》)

子夏曰:"日知其所亡,月无忘其所能,可谓好学也已矣。"(《论语·子张》)

题解

知识改变命运,学习能够提高素养,也是成就事业的必由之途,一切美德也都是通过学习才得以养成的。因此，离开学习就说不上修身养性，更谈不上做一个仁义道德的君子。那么，怎样才算是好学呢？孔子认为，作为一个君子不应当过多地讲究自己的饮食和居住，不贪图安乐，应把一切注意力放在做有意义事情上，追求真理，既要有勤奋的精神，又要有效的方法，才算是热爱学习。其实，人活着不仅仅为了求得饱暖安逸，还应该有对理想的精神追求。换句话说，不仅重视物质生活享受还要追求精神境界的升华；安贫乐道多做少说；以他人为镜来匡正、修养自己。做到了这三个方面，就可以说得上是好学的人了。在这三个方面之中，最难做到的一个方面是安贫乐道，尤其是在物欲横流，金钱具有强大诱惑的时代，我们更应当时刻磨砺自己的道德品质，敏于做事，慎于言行，不贪求安逸，衣食住所只要能满足正常生活的基本需要即可，不要有过多追求。在生活上少一些物质的追求，在学习上孜孜不倦、充实自己精神世界，工作中勤勤恳恳、多做少说，真正做一个"知足常乐、慎言自安、工作勤敏、德行高尚，有道德、有涵养"的君子。

衡量学习成果的标准不是看学历，不是看文化，而是看行为，看言谈举止。孔子教导学生要求实务本，学以致用；先做人，后做学问。如果一个人学富五车、才高八斗，行为方式、言谈举止却乖谬愚笨，不能解决实际问题，又有什么用呢？相反，一个人虽然没有什么文凭，没有读过大学本科，但他言谈举止得体，行为方式正确，能够有所创造，有所发明，难道能够说他没有学习成果吗？求道、学道都应懂得这个道理。历史上许多名人、伟人也不都是科班出身的，真正的学问，是在生活中一点一滴得到的。正如孔子说的"泛爱众而亲仁"，在外看到有德的人，能肃然起敬；在家会竭尽全力地爱家庭、爱父母；在工作中对待同事能热情帮助；在社会交往中能遵守承诺，对他人、对国家能抛开自己的私心，做到乐于助人无私奉献这就是最大的学问。做人首先是要提高品德修养，其次才是上学习文化知识。要学习文化知识，精通学问之道，只有从做人的体会、人生的经验入手，才能够学以致用、学有所成，不会成为读死书的书呆子。这就是求实务本、学以致用的道理，也是好学的结果。

其实，好学、学以致用还包含着通权达变（灵活变通）的思想。这里孔子所谈的六种品德和六种弊病，任何一条都没有离开是否爱学习。仁、智、信、直、勇、刚都是好品德，都是我们应该喜好和加以修养的。但是，如果不通过学习而弄明白品德，通权达变地把握其实质，便很容易偏执一隅，导致自己陷入道德误区，给自己和他人带来危害，从而由六种美好的品德变成六种弊端。这种事例，无论是在历史上还是现实中例子都是很多的。《左传·僖公二十二年》中记载：春秋时期，宋国和楚国在"泓"这个地方开战，楚军正在渡河时，宋军中有将领向宋襄公（宋国君王）建议趁机冲锋过去消灭楚军。可宋襄公为了表示他的"仁"，说"不鼓不成列"，要等楚军完全渡过河列好阵以后才开战，结果等楚军列好阵后两军交战宋军大败，宋襄公也因腿伤而送了命。这是"好仁不好学，其蔽也愚"的典型。又比如众所周知的"东郭先生与狼"的寓言故事中，农夫对狼讲仁慈，结果被狼吃了。这实际上也是讲"好仁不好学，其蔽也愚；好信不好学，其蔽也贼"的道理。"好勇不好学，其蔽也乱"等例子，古今中外，屡见不鲜，所以说"六言六蔽"实际上就是提倡学习与实际相结合，反对教条主义，反对本本主义，反对理论脱离实际，主张理论与实践相结合，具体问题具体分析，通权达变，用理性的智慧处理任何事情，避免误入歧途，给自己和他人带来危害。

知识小链接

《左传》相传是中国春秋末年鲁国的左丘明为《春秋》做注解的一部史书，与《公羊传》《穀梁传》合称"春秋三传"，是中国第一部叙事详细的编年体史书，同时也是杰出的历史散文巨著。主要记录了周王室衰微、诸侯争霸的历史，以及各类礼仪的规范、典章制度、社会风俗、道德观念、天文地理、历法时令、古代文献、神话传说、歌谣言语等，尤其擅长记述战争、刻画人物，是研究春秋时期历史的重要文献，代表了先秦史学的最高成就。

孔子主张不仅要好学，还要注意学习方法。在中国历史上古人在读书学习上的确是煞费苦心、孜孜以求。有史记载，孔子每天都勤于读书、背诵，有时夜晚梦见周公，就向周公请教问题，周公告之。其实，如此专心勤奋并不是说真的有什么鬼神相助，而是因为自己精熟到家，所以如同神助一般。由此可见，勤奋好学是治学的应有态度，更是获得仁义之道的必由之途。孔子论好学还表现为如驹过隙，珍惜时光。子在川上曰："逝者如斯夫！不舍昼夜。"(《论语·子罕》)孔子一方面感叹时光易逝，往事难再，另一方面以水而喻，勉励君子们进德修业，都应该像永不止息的河水一样，孜孜不已，不分昼夜，保持自强不息，永不懈怠。我们今天也应该向圣人学习，抓住眼前的大好时光，发奋学习，努力工作，不要留下"少壮不努力，老大徒伤悲"的人生悔恨。时间对我们每个人来说都是公平的，但每个人对这相同时间的运用又是不同的。有的人挥霍光阴，时光一去不复还；有的人珍惜时光，专心致志抓住机会学习，甚至更深一层探索宇宙的奥秘，引发对生命价值、人生意义的思考等等，"积土成丘，积善成德"才是人生的积极态度！

◇ 君子为学态度要端正 ◇

参考原文

子曰:"默而识之,学而不厌,诲人不倦,何有于我哉?"(《论语·述而》)

子贡问曰:"孔文子何以谓之'文'也?"子曰:"敏而好学,不耻下问,是以谓之'文'也。"(《论语·公冶长》)

子曰:"由!诲女,知之乎?知之为知之,不知为不知,是知也。"(《论语·为政》)

子曰:"知之者不如好之者,好之者不如乐之者。"(《论语·雍也》)

子曰:"饱食终日,无所用心,难矣哉!不有博弈者乎?为之犹贤乎已。"

(《论语·阳货》)

题解

"学而不厌,诲人不倦"讲的是孔子对"学、教"的认真态度。孔子的一生致力于教书育人,他对"教"与"学"的关系有着非常深刻的认识。他认为学的关键要用心,是默默牢记所学知识,学而不厌的关键是要学出乐趣来;诲人不倦的关键是对学生有爱心,以诚相待、教学相长。他还认为,作为一个老师自己应努力学习不满足，认真教诲永不厌倦。如果做到了这一点，才能称得上一个合格的老师。这就提醒我们为人立身处世，什么都离不开勤奋学习。在浩瀚的知识海洋里，我们所学到的不过是九牛一毛，要想获得更多的学问，一定要向孔老先生学习，"默默地把所见所闻记在心中，努力学习而不厌弃"，不断获取新的知识，使自己生活过得更加充实美好。"敏而好学，不耻下问"对一般人来说，就很难了，敏而好学似乎还比较容易做到一些，是说要聪明勤奋很有兴趣地发奋学习。这方面的典型，中国古代就有"凿壁偷光""囊萤映雪"，甚至"头悬梁，锥刺股"等等。相对来说，不耻下问比敏而好学更难一些。要向不如自己的人或地位比自己低的人请教，这不仅仅是好不好学的问题，还牵涉到自尊心、虚荣心的问题。人的天性往往就是如此不可思议，如果自己位卑、能力弱、孤陋寡闻，求教于位尊者、能力强者、见多识广者，那似乎理所当然，不以为耻，反而显得有上进心；如果地位尊贵而求教于地位低者，能力很强而求教于能力弱者，自己知识丰富去求教知识少的人，便立即感到脸上无光，耻于开口了。中国春秋时卫国大夫孔圉，虽然很聪明，却不敢自以为是，对于天下的学问都一一求学访友与人讲习讨论，没有厌烦之心。他贵为大夫，即使对方身份卑微，也虚心求教，不以为耻。孔子以他为榜样教育学生，养成勤学好问的好习惯。其实不耻下问是一种美德，也是为学的一种正确态度。如果自己不知又不肯问别人，就是画地为牢束缚自己，知识是不可能有长进的。我们做学问时，即便讲修养也不能自尊心太强，不懂就要向别人请教。

社会上有各行各业，隔行如隔山，每个人各有所长也各有所短。只有既见自己所长，也识自己所短，虚心向他人请教，大家互相学习才能共同进步提高。

另外，求知最忌自欺欺人，不懂装懂。孔子提醒人们要用诚实的态度来对待知识，不得有半点虚假和骄傲；要养成学习踏实认真、实事求是的作风，避免装腔作势、不懂装懂的虚荣习气。我们知道，学的目的在于应用，不懂装懂就违背了学的根本目的。似懂非懂，不去弄明白，不敢不耻下问，甚至不敢去问，怕出丑，这不是正确的态度，也不是真正的大智慧。所以君子"知之曰知之，不知曰不知"，这是学习的态度，也是说话的原则；'能之曰能之，不能曰不能'，这是学习的目的，也是行为的原则。尊重这两个原则，就更容易成为智者、仁者。

"要快乐地学习"也是一种学习态度。"学"的过程是了解、相信、接收、运用所学的内容，并对所学内容进行领悟、产生爱好的感情，从而能享受学的乐趣，所以学是快乐的。习的过程，会对矛盾进行自我调节，使矛盾朝着缓和的方向变化，促使个人的主观意识逐步适应客观环境的发展，由此产生一种快乐情绪，所以习也是快乐的。学习的过程虽然艰辛，但能不断获得新的认知，由此感受到莫大的快乐。因为不断拓展自己的认知空间是人的天性，满足了这种天性，就能感受到快乐，同时学习让人懂得如何给别人带来快乐；在不断让人快乐的实践行为中，能感受到别人给自己带来的无穷快乐，这就会产生更大的学习动力和乐趣。

《史记·孔子世家》记载：孔子学习是"发愤忘食，乐以忘忧，不知老之将至云尔"。发愤忘食就是"学而时习之，不亦说乎？"(《论语·学而》)追求学问是学而不厌。乐以忘忧就是"吃粗粮，喝淡水，弯着手臂当作枕头，快乐也在其中"。(《论语·述而》)这种学而不厌、安贫乐道、不知自己已经老了的学习态度，为我们展现了一个充满生气与活力的老者形象，一个"老骥伏枥，志在千里"的圣人形象。正因为学习是快乐的，孔子才有"学如不及，犹恐失之"(《论语·泰伯》)学习时总觉得好像赶不上，学到了还总怕再失去的感叹。孔子的自白给我们以"活到老，学到老"，学海无涯苦作舟的感觉。用有限的生命去追求无限的知识，是一件非常快乐的事情。

　　孔子教学注重培养学生的兴趣，讲求在修德、为学中寻求快乐。他认为一个人既然立志于仁德之道，就应该"乐道"，坚持不懈，循序渐进，就会"得道"。同时，学习境界、方式也是渐进的，首先是从好学开始。好学不是被迫学习，而是要有好学的动机、兴趣和目的，才能最大限度地获得知识，而这一点是"得道"的基础。因此，只有好学，才可以博学；只有博学，才会产生兴趣，才能自觉实践闻道、乐道、得道。所以，我们尽管不能事事做到跟圣贤哲人一样，能力也存差异，但只要我们立志于思想品德的修养，学思结合、循序渐进，日积月累，终究有一天会像圣贤一样具备高尚的仁德。

知识小链接

凿壁偷光：汉语成语，出自西汉大文学家匡衡幼时凿穿墙壁引邻舍之烛光读书，终成一代文学家的故事。现用来形容家贫而读书刻苦的人。

囊萤映雪：囊萤，晋代车胤小时家贫，夏天以练囊装萤火虫照明读书；映雪，晋代孙康冬天常利用雪的反光读书。后以"囊萤映雪"形容夜以继日，苦学不倦。

头悬梁、锥刺股：出自于《太平御览》卷三百六十三引《汉书》："孙敬字文宝，好学，晨夕不休，及至眠睡疲寝，以绳系头，悬屋梁。"《战国策·秦策一》："（苏秦）读书欲睡，引锥自刺其股。"形容专心、刻苦、勤奋。

◇ 只有专心致志才能达到"道"的最高境界 ◇

参考原文

子曰:"士志于道,而耻恶衣恶食者,未足与议也。"(《论语·里仁》)

冉求曰:"非不说子之道,力不足也。"子曰:"力不足者,中道而废,今女画。"(《论语·雍也》)

子曰:"朝闻道,夕死可矣!"(《论语·里仁》)

孟子曰:"无或乎王之不智也。虽有天下易生之物也,一日暴之,十日寒之,未有能生者也。吾见亦罕矣,吾退而寒之者至矣。吾如有萌焉何哉!今夫弈之为数,小数也;不专心致志,则不得也。弈秋,通国之善弈者也。使弈秋诲两人弈,其一人专心致志,惟弈秋之为听。一人虽听之,一心以为鸿鹄将至,思援弓缴而射之,虽与之俱学,弗若之矣。为是其智弗若与?曰:非然也。"(《孟子·告子上》)

题解

孔子说,一个士人如果立志追求道,却又斤斤计较个人的物质享受,是没有什么远大志向的,这样重物质享受、无法宁静自守的人也是没有什么出息的。他讲读书人要学好知识，追求真理，就不能计较吃穿，贪图享乐。一般来说，过于注重外物，就会轻视对内心的道德修养；过于注重嗜欲，就会忽略对道德行为的磨砺，所以君子应当立志高远，追求真理。不过，追求道义、真理从初级"知"到高级"仁"的过程是持续和漫长的。这就要求我们既然已立志于追述理想和事业，就不仅要坚定信念，立志追求真理，更要专心致志。如果三心二意只能求得一知半解。只有专心致志、知难而进，不被世俗所扰，才能追求得"道"，即真理。

知识小链接

士：中国古代指少数贤良的读书人。先秦时社会等级划分为：贵族、庶民、奴隶，在贵族的排序中，依次是天子、诸侯、大夫、士。所以，当时"士"是贵族里最末的一个群体。随着历史的演变，后分为士、农、工、商，"士"即为平民阶层。汉代以后"士"是指在思想、言行、学问、道德、修养上都有卓越成就的知识分子。

作为一般的人，做任何事内心都要有一个坚定信念作有力支撑，都要有希望、有自信，都要有不断学习、不断进步的能力。虽然最终取得的成就有大小，但不存在能力不足的问题。这里讲孔子学生冉求对学习"道"动摇了信念，失去了信心，孔子则以学走路为喻开导和鼓励他。孔子告诫他并非是能力不够,而是他思想上有畏难情绪,自己给自己设置了障碍,裹足不前;只要努力去做,肯定能够克服一切困难,达到所求目的。

老子说,两手围抱的粗壮大树,是由细小幼苗长成的;九层高的楼台,是由基脚堆积筑成的;千里远的路程,是从迈开脚下的第一步开始的,正是点滴的小事积累,才能成就后来的辉煌。(《老子·道经篇》)这也是讲凡事要有信心,尽自己的努力,一步一个脚印,踏踏实实追求,一定能获得可观的结果。就像中国古代的神话"精卫填海"中的精卫鸟,它那种执着追求的精神感人肺腑。对于"仁"的追求也在于内心的虔诚和踏实,重在追求"仁"的决心和持之以恒的过程。"仁"的要求虽然很高,很难达到,但却是可以不断接近的,而一旦放弃,则永远不会达到。《易经》说:"天行健,君子以自强不息。"一个人要想成功,就必须克服各种畏难情绪,自强不息,努力进取。学道如此,做任何事都要有"朝闻道,夕死可矣"的精神,就是要有为不断探索追求真理而献身的精神,就一定会有所收获。正如百川流向大海而终成大海的一部分,是因为努力追求;而丘陵学山却成不了山,是因为画地为牢、故步自封。如果一个人"一曝十寒,不专心致志"那也将一无所获。

俗话所说"三天打鱼,两天晒网",努力少,荒废多,很难奏效。因此,孟子一再强调贵在坚持,贵在有恒心,贵在专心致志,世间万事万物莫不如此。即使是生活中的小事也是如此,只有那些持之以恒、专心致志的人,才能"铁杵磨成针",取得成就。这里孟子以学棋艺作一比喻，如果学棋艺不专心致志地学，也是学不好的。孟子说古时著名棋手弈秋，同时教两个徒弟学棋艺，其中一个专心致志，只听弈秋的教诲，另外一个表面上虽然在听，但不专心致志，而是想到有天鹅飞来如何张弓搭箭去射击它。这个人尽管同时与专心致志的人一起学棋艺，其结果迥然不同，一个棋艺学有成就，一个是半途而废学无所成。就像体育运动中各种比赛，如果那些争得冠军、亚军的运动员没有专心致志、持之以恒的艰苦锻炼，就不能成就功名盛传天下。当然这里孟子是劝说齐王施仁政，不要"一曝十寒""三天打鱼，两天晒网"半途而废，而以学棋艺为喻来阐明他的观点。治国从政如此，学习也要专心致志，"贵在持之以恒，最忌一曝十寒"。

知识小链接

"精卫填海"出自《山海经·北山经》。相传精卫本是炎帝神农氏的小女儿，名叫女娃。一日女娃到东海游玩，遭龙王太子戏耍，女娃不平，与其口角殴斗。由于女娃从小与父神农氏上山打猎与其农耕，练就了一身功夫，将龙王太子打得狼狈不堪，龙王太子一怒之下，兴风作浪，将女娃溺死于东海。女娃为其不平，死后将灵魂化作一只花脑袋、白嘴巴、红爪子的神鸟，每天从山上口衔来石头与草木，投入东海，意欲将东海填平，然后发出阵阵"精卫、精卫"的悲鸣，好像在呼唤着自己复仇。后人将"精卫填海"作为"死后托生"

的复仇神话，将灵魂托付给现实存在的一种物象。

　　此故事一方面折射出精卫鸟百折不挠的毅力和坚强的意志。另一方面又表现了中国原始人在遭受自然灾害时，意想征服自然的渴望，也歌颂了精卫鸟执着追求、矢志不渝"战天斗地"的精神。

处世篇

○ 立身处世　　○ 交朋结友　　○ 勤事节俭　　○ 孝悌教化

立身处世

◇ 君子立身处世必须坚守的原则 ◇

参考原文

子贡问曰:"有一言而可以终身行之者乎?"子曰:"其'恕'乎!己所不欲,勿施于人。"(《论语·卫灵公》)

孔子曰:"不知命,无以为君子也;不知礼,无以立也;不知言,无以知人也。"(《论语·尧曰》)

子曰:"道不同,不相为谋。"(《论语·卫灵公》)

子曰:"君子矜而不争,群而不党。"(《论语·卫灵公》)

孟子曰:"舜发于畎亩之中,傅说举于版筑之间,胶鬲举于鱼盐之中,管夷吾举于士,孙叔敖举于海,百里奚举于市。故天将降大任于斯人也,必先苦其心志,劳其筋骨,饿其体肤,空乏其身,行拂乱其所为,所以动心忍性,曾益其所不能。人恒过,然后能改;困于心,衡于虑,而后作;征于色,发于声,而后喻。入则无法家拂士,

出则无敌国外患者，国恒亡。然后知生于忧患而死于安乐也。"（《孟子·告子下》）

题解 孔子把忠恕之道看成是处理人与人之间关系的行为准则，这也是儒家思想伦理化的特色——宽恕待人。儒家学说的特性之一是"仁爱"，人们通过自我修养把"仁爱"施于大多数人，施于全社会，乃至于自然界，达到"民胞物与"境界。因此，在孔子的学生问什么是"仁"时，孔子首先把"己所不欲，勿施于人"作为"仁爱"的一个重要组成部分和立身处世的原则推荐给学生学习。人们遇事常说"将心比心，人心都是肉长的"，这实际也就是在推行"己所不欲，勿施于人"的恕道。这既是尊重他人、平等待人的体现，也是君子应无私于天下的立身处世原则。

其次，要把握住立身处世的三个支点。孔子说："不知命，无以君子也；不知礼，无以立也；不知言，无以知人也。"孔子立身处世的学说最后落脚到命、礼、言三个支点上，说到底，还是立身处世的要求，表明孔子希望弟子们都能做有德、有礼、有智的君子，以此修身用于齐家治国平天下，这是对塑造理想人格的高度期待。关于"知命"的问题，我们认为包含两层意思：一是指对天命的体认和领悟；二是指对个体时运、命运的认知与了解。如果不知道这些，没有自知之明，怎么可以把握住自己的命运呢？更谈不上成为真正的君子了。"知礼"中的"礼"主要指人际交往中应遵循的礼仪、礼节和尊重别人、维护自己尊严的行为规范，包括外在的制度形式和内在的真情表现形式。因此，中国古代要求做任何事都要合乎礼，才能处理好自己与他人、与社会的关系，个人立身处世离不开礼，这样使自己与环境的互动都合乎礼，与人交往中自己的行为合乎礼，不说不合乎礼的话，不做不合乎礼的事。最后说到"知言"，"言为心声"，了解一个人首先要从他的语言入手，所谓"观言而知人"，这是说一个人的言语和实际品德的关系。通过识别一个人的言语，多少还是可以识别一个人的德行与品质的。反过来，"听话听声，锣鼓听音"，如果你不能识别一个人的言语，那么，你就很可能不能够真正认识这个人，而很可能被他所蛊惑或蒙骗，这就是孔子再次强调"不知言，无以知人也"的道理所在。所以知命、知礼、知言，既是我们修身养性的落脚点，又是我们进德修业的起始点，我们理应遵循圣人的教导，为人处世要谨遵这三项基本原则。

处世原则之三是："道不同不相为谋"。这里的"道"是指人生志向，也指思想观念、学术主张，是讲志向不同，意见不合，不能在一起共同谋划、办事。孔子一生发奋读书，成就学业后很想谋个一官半职，好在位上推行自己的主张，贡献国家奉献社会。他在鲁国时，发现鲁国国君接受了齐国送来的一批歌妓舞女，几天不上朝治理国政，他看不惯便离开鲁国出走了。到齐国与国君齐王政见不一致，又走了。这说明孔子的处世原则是：合则留，不合则去。一个人立身处世，当环境已不容许自己栖身，不容许自己发挥才智时，便毅然抽身而去，以免苟且媚俗，同流合污，这是一个读书人的进退去留的选择。当然，抉择也不是随随便便就可以做出来的。"孔子行"也是逼不得已，无可奈何。后来孟子说孔子在离开鲁国时说是要走，但迟迟没有动身，拖了很久才走，那是因为孔子对自己的祖国、自己的文化风尚有无限感情而不舍离去；而齐国不是自己的国家，不对就即刻走，不作片刻逗留，都是因为道不同不相为谋呀！

处世的原则之四是："矜而不争，群而不党"，意思是君子庄重而不与人争长短，与众人相处而不能拉帮结派。生活中我们往往有志同道合的同事或亲密无间的朋友，还有许许多多相连相关的人际关系，在与他们相处时孔子的告诫是"矜而不争，群而不党"。矜而不争是庄重自尊，"矜"是以理来自律，而非以气势凌人，也就是说自己对自己很有信心，但却并不骄傲自满，所以也就不会去和他人争强斗胜，而是多团结同事、群众。生活中尽管有磕磕碰碰的矛盾和爱恨情仇之事，如果做到不怀恨别人，和别人之间的仇怨也就没有了，所以对人要宽容一点，对待朋友和同事不要存营私之心只从利益出发。至于群而不党就是与人和谐相处，不搞拉帮结派。"群"就是在人生中合群，也就是与人合群应做到胸怀宽广，海纳百川，五湖四海普遍团结人而不搞宗派，不拉小团体，不结党营私。另外，古时君子还讲究待人守礼，处事谦虚，严于律己，宽以待人，我们也应把其作为立身处世的原则而遵循。儒家认为，君子处世行事更多是依靠自身努力，凡事不会去依赖别人，即使失败，也不会怨天尤人、横加指责，而是先找自身原因。在《论语·卫灵公》篇中，孔子说："君子求诸己，小人求诸人。"求诸己是指凡事严格要求己，靠自己的力量去取得成功，就能团结同事、朋友及周围的人。《孟子·公孙丑上》中也说过，射箭比赛，对方胜了自己，应在自己身上找失败的原因，会有效地促使自己的进步，培养自己的毅力。因为任何一件事的失败，极少有百分百是客观原因造成的（即使如此，也不妨反省自己在选择行事目标时是否出了问题），养成了在自己身上找原因的习惯，就能不断增强自己的内修功底，磨砺提升自己，而且也不会朋比为奸，结党营私，与他人争强斗胜，这也是中国古代提倡的待人处世的基本原则。

立身处世还要有生于忧患、死于安乐的思想。孟子所举的例证是舜帝、傅说、胶鬲、管仲、孙叔敖、百里奚六人（中国春秋时期前后的六位名人），尽管这六个人的经历各有不同，但他们身上都有相似之处"生于忧患"。孟子通过对他们六人人生经历的分析，来论述一个成就大事业者所具有的品质，他们有卑贱的过去，受过常人难以想象的磨难，最后却留名青史。所谓"天将降大任于斯人也，必先苦其心志，劳其筋骨，饿其体肤，空乏其心，行拂乱其所为，所以动心忍性，曾益其所不能"。这都说明只有艰苦环境的磨炼，才能使人成为大有作为的人，以此激励后世无数仁人志士在逆境中锻炼自己的意志，增加自己的才能。用今天的话说，就是"用同时去面对人类最大的痛苦和最高的希望"的精神而获得胜利。正是因为他们身处逆境的忧患之中，心气郁结，才会奋发而起，置之死地而后生。所以，对人的一生来说，逆境和忧患不一定是坏事。生命说到底是一种体验，对逆境和忧患的体验往往是人生的一笔宝贵财富。当你回首往事的时候，可以自豪而欣慰地说："一切都经历过了，一切都过来了！"这样的人生，是不是比那些一帆风顺，没有经过什么磨难、没有什么特别体验的人生要丰富得多、因而也有价值得多呢！

知识小链接

"生于忧患"的六位名人：舜原被父母、弟弟赶出家门，隐居深山为耕，"取与人为善"修养德行，被尧发现后启用，最终继承尧的事业，成为万民景仰的帝王。傅说：商王武丁的国相，相传曾为刑徒，在傅岩做建筑工匠，后被武丁举为国相。胶鬲：殷纣时的贤人。曾因遭乱而贩卖鱼盐为生，被周文王举荐于纣。管夷吾：即管仲，春秋时，齐国公子小白（后齐桓公）与公子纠争位，管仲拥戴公子纠，公子纠失败后，他被齐桓公囚禁，后由于鲍叔牙的推荐，被齐桓公举用为相，辅助齐桓公称霸。孙叔敖：楚国人，曾隐居海边，后被楚庄王举用为令尹（相当于"相"）。百里奚：虞国人，因乱后从虞国逃至楚国，以五张羊皮的价格自卖给秦穆公夫人为奴，后被秦穆公发现其才，举为国相。

◇ 诚信是君子立身处世的行为准则 ◇

参考原文

子曰:"人而无信,不知其可也;大车无輗,小车无軏,其何以行之哉?"(《论语·为政》)

子张问行。子曰:"言忠信,行笃敬,虽蛮貊之邦,行矣。言不忠信,行不笃敬,虽州里,行乎哉?立则见其参于前也,在舆则见其倚于衡也,夫然后行。"子张书诸绅。(《论语·卫灵公》)

孟子曰:"君子不亮,恶乎执?"(《孟子·告子下》)

孟子曰:"大人者,言不必信,行不必果,惟义所在。"(《孟子·离娄下》)

题解

为人讲究诚信是立身处世的基本要求,也是成就事业的根本所在。信的含义有两层:一是信任,信任别人也取得别人的信任;二是对人讲信用,不守信用的人无法立身于社会。所谓"一言九鼎""一诺千金",讲的就是人要有诚信。诚信是君子立身处世的行为准则,也是人生目标的核心价值观。古人认为"国无信不保",为政的人不讲信用,百姓就怨声载道,社会就不得安宁;"人无信不立",人与人之间如果言而无信，就会失去朋友，众叛亲离。《周易》记载："君子终日乾乾，夕易若，励无咎。"孔子说："这是譬喻君子要加强修养、建立功业，做到忠实诚信，由此可以增进道德；对人民大兴文教，自己以身作则，言行一致，保持真诚，由此可以积蓄功业。处在上位而不骄傲，处在下位而不忧虑。能够勤奋不懈，随时警惕戒备，虽身处险境也能避免祸害"。所以，立身处世没有比诚信更重要的了。

做事忠于人之所托，厚道认真，取信于人，是孔子提倡的为人处世之道。"言忠信，行笃敬""忠信笃敬"就是"言必诚信，行必忠正"，也是做人做君的行为准则，就是说对人要有真诚的态度，没有人会拒绝真诚的朋友，也没有人会喜欢和虚假轻浮的人交往。孔子学生子张虽然才高意广，但为人偏激浮躁，往往交友待人颇有失当之见，所以孔子要求子张把"忠信笃敬"作为座右铭"印在脑子里，溶化在血液中，落实到行动上"。做到了这一点就是德行敦厚，可以"有理走遍天下"，无往而不通；做不到这一点就是德行浅薄，就会"无理寸步难行"。在正常的社会环境下，一个人如果没有忠信笃敬的品质，就会像一个玩世不恭的花花公子或所谓"嬉皮士"一样，缺乏专注、进取的精神，很可能一事无成，自然也就无所谓通达了。但在特殊的社会环境下，尤其是处于尔虞我诈的现实之中，一味地忠信笃敬，不多一个心眼，做到知己知彼，那也是很容易上当受骗、落入他人所设置的圈套之中的。所以，我们一方面要记住圣人的教导，把"忠信笃敬"这几个字作为我们的座右铭，另一方面，面对复杂多变的社会现实，也要多长一个心眼，在忠信笃敬的基础上来一点通权达变，不要愚忠，不要小信，这不是投机取巧，而是反映在"忠信笃敬"上的辩证思想。因此，在诚信问题上，孔子说过"君子贞而不谅"，孟子也说"君子不诚信的话，又怎么能保持节操呢？但守信惟义所在"，就是说：君子要守信用，但不拘泥于小信。换句话说，君子守大信，不守小信。一句话，要在原则问题上讲信用，不要拘泥固守于小节上的一成不变。

中国古代关于大信的故事很多。《韩非子·外储说左上》记载：孔子学生曾子的夫人要去集市，儿子哭闹着也要跟着去。母亲对他说："你先待着，待会我回来杀猪给你吃。"等她从集市上回来，曾子就要去杀猪，夫人劝止说："我只不过是哄哄孩子罢了。"曾子说："小孩子没有思考和判断能力，要听从父母亲给予的正确教导，你现在欺骗他，等于是教孩子骗人啊！母亲欺骗儿子，儿子就不再相信自己的母亲了，这不是教育的好方法。"于是曾子就把猪杀了，煮肉给孩子吃。这个故事说明尊重他人是信用的前提，如果连起码的尊重也做不到，是不可能守信用的，曾子正是尊重孩子心理的健康成长才这么做的。尊重人一定要有"仁"的成分，但是曾子夫人这种过于夸张的承诺，无疑是溺爱孩子的表现，颇有些为了孩子不顾一切地意味，因此并不完全等于"仁"。当然曾子在这夸张的承诺上讲信用，也不能说体现了"仁义"，这是讲小信。

📎 知识小链接

韩非子：生于周赧王三十五年，卒于秦王政十四年（约公元前280年—公元前233年），韩非为韩国公子（即国君之子），战国末期韩国（今河南省新郑）人，是中国古代著名的哲学家、思想家、政论家和散文家，法家思想的集大成者，后世称"韩子"或"韩非子"，中国古代著名法家思想的代表人物。他所著《韩非子》一书，阐释法治的思想，主张臣民要服从法律的最高权力，法律面前人人平等。

关于"大信"与"小信"，还有"商鞅徙木立信"的典故。《史记·商君列传》记载：中国春秋时期各诸侯国争雄称霸，秦国经济社会发展落后于各国，秦王决心彻底改革，下令招贤纳士，商鞅自魏国入秦国应招，秦孝公任他为左庶长并开始变革。商鞅初上任便起草了变革法令，但害怕自己没有威望，不能使百姓听命于己。于是，他命人在秦都南门外竖立起一根三丈高的木柱子，并宣布，谁若能将柱子扛到北门，便赏十两黄金，人们对商鞅的话将信将疑，竟无人肯试。于是商鞅又把赏金增加到五十两，重赏之下有一壮汉，真把木头从南门扛到北门，商鞅立刻派人送上赏金。这件事迅速传遍了秦国，人们都知道了左庶长言出必行。商鞅赢得了大家的信任，达到了自己的目的，开始大规模推行新法，使秦国经济社会得到了长足发展，国力逐渐强盛起来。这是"大信"的具体表现。

总之关于"大信"与"小信"的问题，既要有原则又要灵活机动通权达变。一方面,"诚信"是儒学的核心价值观念之一,为人处世必须坚守诚信,但另一方面,又不能拘泥固执于"信"而不知变通,否则言行就会陷入困境。正如前面所讲的东郭先生和狼的寓言故事,难道对狼、对自己的敌人也要讲"信用"吗?所以,要根据具体情况进行变通,因为各种情况都是发展变化的,"惟义所在"才是最基本的不能放弃的东西,也是我们在实际生活中必须掌握的原则,君子立身处世必须把握这些原则。

◇ 君子立身处世要讲究艺术 ◇

参考原文

子谓南容，"邦有道，不废；邦无道，免于刑戮。"以其兄之子妻之。（《论语·公冶长》）

子曰："直哉史鱼！邦有道，如矢；邦无道，如矢。君子哉蘧伯玉！邦有道，则仕；邦无道，则可卷而怀之。"（《论语·卫灵公》）

孟子谓宋勾践曰："子好游乎？吾语子游。人知之，亦嚣嚣；人不知，亦嚣嚣。"曰："何如斯可以嚣嚣矣？"曰："尊德乐义，则可以嚣嚣矣。故士穷不失义，达不离道。穷不失义，故士得己焉；达不离道，故民不失望焉。古之人，得志，泽加于民；不得志，修身见于世。穷则独善其身，达则兼善天下。"（《孟子·尽心上》）

逸民：伯夷、叔齐、虞仲、夷逸、朱张、柳下惠、少连。子曰："不降其志，不辱其身，伯夷、叔齐与！"谓"柳下惠、少连，降志辱身矣，言中伦，行中虑，其斯而已矣"。谓"虞仲、夷逸，隐居放言，身中清，废中权。我则异于是，无可无不可"。（《论语·微子》）

题解

孔子认为,"邦有道则仕,邦无道则藏",在太平之世能施展抱负,在世道黑暗能明哲保身。由此可知,圣人并不主张我们去做一个黑暗时代的牺牲品,而是要求我们讲究一点处世的艺术。孔子学生南容是一个有原则、有立场、守礼义的人,他贤明仁德,在"治世"能有所作为,在"乱世"能够保全自己,做到了"邦有道,不废;邦无道,免于刑戮"。这种大智慧也是处世艺术,不是一般人能够做到的。所以孔子把自己的侄女嫁给了他,以保证侄女在乱世来到时不会守寡。南容人品好,公冶长人品也好,有意思的是,据史料记载孔子把自己的女儿嫁给坐牢的公冶长,而把侄女嫁给处世很有一套、不会坐牢的南容。后有人评论这种做法说明孔子精通婚配之礼,把握很有分寸,既对得起死去的兄长,又不会受到世人的指责。说起来,这也是一种处事的艺术。

"有道则仕,无道卷而怀之",说的是史鱼和蘧伯玉,他们都是中国春秋时卫国的大夫。史鱼以耿直敢言、公正无私著称,"直言直行"。据史记载,史鱼曾多次向国王推荐贤良的蘧伯玉,建议罢免奸臣弥子瑕,但没有被采纳。史鱼临死时交待儿子不要在正堂为自己办丧事,以此来劝谏卫灵公重用蘧伯玉,罢免弥子瑕,所以,史鱼有"生以身谏,死以尸谏"之称,是刚直不阿的典型。蘧伯玉也以正直著称，但他的性格与做法却与史鱼不一样，他能审时度势"直己不直人"，内直而外宽，严于律己，宽以待人，知进知退。即国家政治清明，就运用自己的聪明才智为国服务；国家政治混乱，就会隐退，韬光养晦。所以孔子感叹"君子哉蘧伯玉"！由此也可见儒学主张，并不完全是"知其不可而为之"。俗话说，"识时务者为俊杰"，聪明人应懂得"有所为而有所不为"，运用自己的聪明才智处理好种种利害关系，只有真正懂得急流勇退，在"进取"与"归隐"之间把握好分寸，才能在官场上如鱼得水，游刃有余。

至于孟子说的"穷则独善其身，达则兼善天下"，进可以攻，退可以守，成为两千多年来中国知识分子立身处世的座右铭，成为最强有力的心理武器，既对人也对这个世界，更对那些读书人，当你穷困不得志时，它以"独善其身"的清高抚慰着你那一颗失落的心；当你飞黄腾达有时机时，它又以"兼善天下"的豪情为你心安理得地做官提供着坚实的心理基础。因此，无论你穷与达，它都是一剂绝对见效的心理良药，是知识分子战无不胜的思想武器与法宝。当然，话也不能完全这么说，其实君子穷达行藏各有志。这里孔子论述了七名逸民三种不同的操守，比如说伯夷、叔齐，由于不满于周武王用武力推翻殷朝的做法，而"义不食周粟"、不仕于周而饿死在首阳山而不肯苟且偷生。孔子说他们是"不降其志，不辱其身"，是典型的逸民风范。但也有次一等的情况，比如说柳下惠和少连，能够洁身自好，不随波逐流与小人同流合污。在孔子看来，他们的言行也合乎法度，而具有中正的精神，虽然忍辱负重，但其内心志向还是没有改变的。还有一种情况是像虞仲、夷逸那样，完全避世隐居，放言高论。孔子认为他们的特点是做到了清高，舍弃做官而隐退也符合通权达变的思想。孔子通过以上这些逸民的分析，试图说明一个有理想的人应该如何处理坚持原则与适应环境的关系，应如何在污浊的时代既不失尊严，又能在这种环境下生存，以实现自己的理想，履行自己的人生使命。

至于孔子自己，与上面这些逸民却有所不同，主张以积极入世为前提的灵活态度，"无可无不可"，没有什么是非这样不可的，也没有什么是非不这样不可的，但并不是不讲原则，用孟子对孔子的评语来说，"应该做官就做官，应该罢官就罢官，应该做得久就久做，应该马上走就马上走"。给我们的启示是：凡事坚持原创与适应环境同样重要，既不患得患失，又不放弃义务，都要与时俱进，全力以赴地去做，在为人处世上进退自如，这不能不说是一种处世艺术了。

我们认为，逸民、隐士也罢，孔子也罢，虽然他们穷达行藏各有不同，但都有自己立身处世的原则和志向，这一点是相同的。当然，他们原则和志向的具体内容各有不同，在上面的例子已看得很清楚了。但是任何问题都有两个方面，如果君子只顾独善其身而不承担社会责任，或者逃避社会责任，这也不符合"义"的要求。我们知道，"义"体现于个人对他人的责任感及义务感，在条件具备的情况下，必须有相应的行为，即使在条件不具备的情况下，在主观上仍然必须乐意尽力去承担社会责任。因此，只做到独善其身，不承担社会责任，不能称之为"义"，也是儒家所不推崇的。

知识小链接

逸民：是遗落于世而无官位的贤人。七名逸民中伯夷、叔齐是商朝末年孤竹君（国君）的两个儿子，父亲死后，他们二人因互让君位而出逃。周灭商后他们耻于仕周、食周粟，而饿死于首阳山。虞仲、夷逸、朱张、少连四个人的身世言行已无历史可考证。柳下惠，鲁国贤者，姓展名获，字禽，又叫展季，惠是私谥，柳下惠是其居住处，或叫封地。

交朋结友

◇ 君子交朋结友要有所选择 ◇

参考原文

　　司马牛忧曰:"人皆有兄弟,我独亡。"子夏曰:"商闻之矣:'死生有命,富贵在天'。君子敬而无失,与人恭而有礼,四海之内,皆兄弟也。君子何患乎无兄弟也?"(《论语·颜渊》)

　　孔子曰:"益者三友,损者三友。友直,友谅,友多闻,益矣。友便辟,友善柔,友便佞,损矣。"(《论语·季氏》)

　　子曰:"不得中行而与之,以也狂狷乎!狂者进取,狷者有所不为也"。(《论语·子路》)

　　孟子谓万章曰:"一乡之善士,斯友一乡之善士;一国之善士,斯友一国之善士;天下之善士,斯友天下之善士。以友天下之善士为未足,又尚论古之人。颂其诗,读其书,不知其人,可乎?是以论其世也。是尚友也。"(《孟子·万章下》)

　　子曰:"君子易事而难说也。说之不以道,不说也。及其使人也,器之。小人难事而易说也。

说之虽不以道，说也。及其使人也，求备焉。"（《论语·子路》）

<u>题解</u>　　交结朋友是社会交流的一种方式方法，人生在世不能没有朋友。我们常说"在家靠父母，出门靠朋友"，世界上恐怕找不到一个完全没有朋友的人。这里孔子学生司马牛说："人皆有兄弟，我独亡。"另一孔子学生子夏却说："四海之内皆兄弟也。"事实上，司马牛有兄弟四人，除己之外二人都跟着哥哥司马桓魋在宋国作乱，死亡无日。他不承认有这样的兄弟，颇以这样的兄弟为耻而感到孤独而忧惧，所以他说自己没有兄弟。子夏以誓言"死生有命、富贵在天""四海之内皆兄弟"为他解忧，提示他一个人的遭遇属于命运范畴，君子只有培养好自己的德行，做到恭敬谦卑敬重他人而无过失，四海之内便没有人不跟他做兄弟，何必为没有兄弟而发愁呢？这里说的兄弟，也就是朋友的意思。那么我们要交什么样的朋友呢？当然要尽可能交与自己志同道合的人。孔子说："道不同，不相为谋。"用在交友上就是要有选择的对象。这里孔子提出了"三益三损"的交友标准，"同正直的人交朋友，同诚信的人交朋友，同见闻广博的人交朋友是有益的；同谄媚逢承的人交朋友，同当面恭维

背后毁谤的人交朋友，同夸夸其谈、花言巧语的人交朋友，是有害的"。孔子主张除了选择有益的"三友"外，万不得已还可与狂者、狷者相交。"狂的人具有进取精神，狷的人有所不为。"狂者、狷者是相对于"中行"的人而言的。"中行"的人是合于中庸之道的人，是圣人心目中最理想的人，也是很难遇见的人。所以圣人说在很难得到与"中行"的人相交时，可以退而求其次，与狂者和狷者相交。值得提醒的是，我们要认识到这两种人各自的缺点和毛病，狂者太过，狷者不及。所以，无论碰到"狂者"还是"狷者"，与他们交往都应该用"中行"的标准来加以沟通、调节，取长补短、互通有无，使其成为真正的朋友。

孟子主张要交品德高尚的人，但范围可以更广泛。乡里人和乡里人交朋友、国中人和国中人交朋友，还可以和天下的人交朋友，也就是可以朋友遍天下。如果朋友遍天下还嫌不足，那就只有上溯历史与古人交朋友了。当然，与古人交朋友也只是神交而已，神交或是诵他们的诗，读他们的书。如果为了要正确理解他们的诗和他们的书，那就研究他们所处的社会时代以及在时代中所起的作用，这是孟子的思想。孔子还提出要与"易事难以悦"的君子交往，不要与"难事易悦"的小人交往。理由是君子平易近人，善解人意，所以比较容易相处，共事也比较融洽。如果对方是领导，你一心要想取悦于他，那就难了，尤其是想通过不正当的手段去取悦于他，那就更难了。不过，虽然你不能取悦于他，但他用人时还是会公正、公平、量才录用，这样的人品德纯正，很好相交，在他手下工作也非常舒心。小人则心胸狭窄，为人尖刻，难以伺候，所以不易共事。如果对方是领导，你一心要想取悦于他，那也很容易，给他一点好处，甚至只需要顺着他来，稍稍迎合他一下，都会使他高兴。不过，高兴归高兴，但轮到他用人的时候，照样会百般挑剔，求全责备。这样的朋友交不得，做这样人的手下，那就更惨了。所以，我们今天无论交朋友还是与领导相处，都要以此为戒，有所选择。

◇ 君子交友的基本原则和条件 ◇

参考原文

子贡问为仁，子曰："工欲善其事，必先利其器。居是邦也，事其大夫之贤者，友其士之仁者。"（《论语·卫灵公》）

子曰："可与共学，未可与适道；可与适道，未可与立；可与立，未可与权。"（《论语·子罕》）

子曰："君子和而不同，小人同而不和。"（《论语·子路》）

万章问曰："敢问友。"孟子曰："不挟长，不挟贵，不挟兄弟而友。友也者，友其德也，不可以有挟也。孟献子，百乘之家也，有友五人焉：乐正裘，牧仲，其三人，则予忘之矣。献子之与此五人者友也，无献子之家者也。此五人者，亦有献子之家，则不与之友矣。非惟百乘之家为然也，虽小国之君亦有之。费惠公曰：'吾于子思，则师之矣；吾于颜般，则友之矣；王顺、长息则事我者也。'非惟小国之君为然也，虽大国之君亦有之。晋平公之于亥唐也，入云则入，坐云则坐，食云则食，虽蔬食菜羹，未尝不饱，盖不敢不饱也。然终于此而已矣。弗与共天位也，弗与治天职也，弗与食天禄也，士之尊贤者也，非王公之尊贤也。舜尚见帝，帝馆甥于贰室，亦飨舜，迭为宾主，是天子而友匹夫也。用下敬上，谓之贵贵；用上敬下，谓之尊贤。贵贵尊贤，其义一也。"（《孟子·万章下》）

题解 交朋友要讲原则，也就是说，要择善而从。当然，交友讲品德，选择品德高尚的贤人交往，与他们做朋友，受他们的影响熏陶，潜移默化，自己的思想境界和品德修养就会在无形中得到提高，这也正是"以友辅仁"的道理。孔子说"工欲善其事，必先利其器"，做工需要锋利的工具，同样修养仁德也需要尊敬并结交贤德的朋友。从另一个角度说，便是"近朱者赤，近墨者黑"。我们周围的环境就像一个大染缸，它直接对我们的气质、谈吐、举止言行以及人生轨迹产生一定的影响，所以，选择交往的对象是非常重要的。现实生活中，可以是同学，未必可以是朋友；可以是朋友，未必可以是同事；可以是同事，未必可以一起权衡轻重利弊，志同道合，配合默契。我们知道人际关系千丝万缕、错综复杂，有同学、同事、朋友等不同的层次，但人们往往不能认识得很清楚，处理起来一厢情愿，甚至自作多情。不能做朋友的强扭做朋友，不能共事地拉在一起做事，结果多半是自寻烦恼，徒生忧愁。所以，弄清不同层次的人际关系，分别对待，这既是个人立身处世的艺术，也是处理公共关系所必须遵循的原则。

不过，人的能力是不平衡的，兴趣、爱好也是千差万别的。因此交友一定慎重和多方观察，寻求志同道合的人共同发展。当然能在同学、朋友、同事且在学道、适道、立道、权变上配合默契都达到和谐关系，那何乐不为呢？但事实上，我们与人相处的确有"君子和而不同，小人同而不和"的现象。孔子认为，一方面君子为仁是追求社会和谐，努力做到与周边的事与人协调和谐，另一方面是君子虽然依礼而行，但对各种事务要有自己的独到见解，不会丧失自己的思想信念和处事原则，更不会附和于别人。

另外，孔子还主张不要和不如自己的人交朋友。孔子说："君子不重则不威，学则不固，主忠信，毋友不如己者。过则勿惮改。"（《论语·学而》）就是说不要和不忠信的人交朋友。相交之人如果不忠不信，必定会产生与仁无关的需求，会有不义的表现。这就说明"忠信"是君子交友的原则。值得指出的是，关于不要和不如自己的人交朋友的问题，不可作拘泥的理解。圣人所说的"毋友不如己者"，绝不是教人先计量彼此的高下优劣再定交朋友的条件。如果这样，不就成为交情当中的势利眼了吗？其真实意思是要求我们在交朋结友中着眼于人家比自己好的方面，而不要着眼于人家不如自己的方面，也就是取长补短，或者叫相互学习、相互补充、相互促进。因为只有这样，才能在交友中看到自己的差距，从而不断提高自己、完善自己。从这样的角度来理解，我们就能明白这一句与下一句"过则勿惮改"，即有过不要害怕改正之间的内在联系，而不至于认为是比自己差的人，不要与他交朋友了。

孟子在交友上也是很讲原则的。孟子学生万章问孟子，交朋友的原则是什么？孟子说："不倚仗年龄大，不倚仗地位高，不倚仗兄弟的钱势去交朋友。交朋友，要以品德相交，不能够有什么倚仗。"通常我们说，交朋友在人格上要平等，不可以掺杂金钱、地位、权势等利害关系的因素在内。古人说："以财交者，财尽则交绝，以色交者，华落而爱渝。""以权利合者，权利尽而交疏。""以势交者，势倾则绝；以利交者，利穷则散。"一言以蔽之，交友重在观其品德，而不要注重财、色、权、利、势。不过，现实中，古往今来"友其财、友其色""不友其德"的例子真不少，存在的问题也很多。真正能够做到"不挟"而"友其德"的，恐怕没有几人呢？俗话说"世人结交须黄金，黄金不多交不深。纵令然诺暂相许，终是悠悠行路心。"（《昔时贤文》）所谓的"钱权交易""色权交易"，至今不也仍然是我们"反腐败"中要着力解决的一个问题吗？

君子交友的必要条件是"里仁为美"。子曰："里仁为美。择不处仁，焉得知？"（《论语·里仁》）我们常说，居必择仁。一个人修身养性，既要注重个人内在品质的修养，也要选择良好的生活环境受仁人的熏陶，以免受不仁之人的不良影响。俗话说远亲不如近邻。一个好邻居可供自己学习的方面很多，指出自己错误的机会也很多。不仅有利于自己学习，有利于自己的成长，也有利于自己行仁。孔子说：与善人相处，就像进入有香草的屋子里，时间长就闻不到香气，这表示自己已经融入其中，与香气同化了；而与不善之人相处，就像进入咸鱼铺子里，时间一长就闻不到臭味，也是与臭味同化了。(《孔子家语》)因此君子一定要谨慎地选择交朋友的条件与环境。有史记载"孟母三迁"是很有说服力的例子。说孟子少年时，他家住在墓区旁边，看见别人筑土埋坟，他就学别人埋坟。孟母说："这地方不利于儿子的成长。"于是迁移到闹市边上。孟子看见别人自吹自擂卖东西，又跟着摇唇鼓舌。孟母说："这地方也不利于儿子的成长。"于是迁移到学校旁边。孟子看见别人祭祀先师，行礼揖让，又学起来。孟母说："这才是我儿子待的地方啊！"于是在这里定居下来，最终促使孟子成为一代大儒。因此说成就品质高尚的人，居住一定要选择地方。我们说交友对环境条件也要有所选择，这是为了远离歪风邪气而接近仁义道德，讲的依然是"里仁为美"的意思。用现代教育学的观点来看，选择居住的地方要"里仁为美"不要"以邻为壑"，也就是强调环境对人的重要影响，这是值得我们后世人注意的地方。俗话说："远亲不如近邻，邻里一家人，互助大家亲。"只有"以邻为友""里邻为美"，与品德高尚的人交往，远离歪风邪气，大家和睦相处，互相帮助，才能共同建设美好的现代生活乐园。

知识小链接

《昔时贤文》又名《增广贤文》《古今贤文》，是一部古训集、民间谚语集，为中国古代儿童启蒙书目。书名最早见之于明代万历年间的戏曲《牡丹亭》，据此可推知此书最迟写成于万历年间。后来，经过明、清两代文人的不断增补，才改成现在这个模样，称《增广昔时贤文》，通称《增广贤文》，其内容汇集了为人处事的各类谚语，很有哲理性，释道儒各方面的思想均有体现，人称"读了增广会说话，读了幼学走天下"。作者一直未详，只知道清代同治年间儒生周希陶曾进行过重订，很可能是民间创作的结晶。

以邻为壑，讲的是中国古代大禹与白圭治水的方法不一样。白圭治水是把水患堵死引向邻国，即"以邻为壑"，而大禹治水是顺着水的本性而疏导引入大海，从效果上讲白圭把水患引入邻国是损人利己，大禹治水导入四海，是造福人民，于人无害。

◇ 久而敬之是君子交友的处世艺术 ◇

参考原文

子曰:"晏平仲善与人交,久而敬之。"(《论语·公冶长》)

子游曰:"事君数,斯辱矣;朋友数,斯疏矣。"(《论语·里仁》)

子贡问友。子曰:"忠告而善道之,不可则止,毋自辱焉。"(《论语·颜渊》)

曾子曰:"君子以文会友,以友辅仁。"(《论语·颜渊》)

题解

交友是一个古老而常新的话题。我们常常感叹:"相识满天下,知心能几人?"这是说,能够善始善终、始终保持友谊的朋友是很少的。可本篇说到的晏平忠(齐国大夫,名晏婴)这人却很了不起,他一般不太容易与人交朋友,但如果交了,不仅能和朋友善始善终,保持友谊,而且还能让朋友与之相处越久,就会越尊敬他,这是一般人很难做到的。晏子为什么能够做到这一点呢?孔子在这里赞美晏子的,实际上是一种结果,而不是原因和过程。据《晏子春秋》记载:晏婴是中国春秋时齐国的大夫,其人矮小,相貌也不好看，据说他有着持久的人格魅力，别人与他交往越久，对他愈是敬重。我们认为，晏婴可能十分注意的是：一与人交往的方法和态度；二选择具有值得人学习敬佩的优点及对象；三谦虚谨慎，与人为善，不自大自傲，自失威信；四有才学、守道德。其实交友关键是要善始善终，以诚相待；对朋友不是锦上添花，而是雪中送炭；忠诚帮助朋友。我们觉得晏婴交友应该具备这些方面的品质素养，而不是像有些人那样，以我为中心，很少在乎朋友的感受。还有许多人是酒肉朋友，三杯酒下肚，你好我好一切都好，一旦遇到利害关系或有风吹草动，便瞬间成为陌路人，有的甚至成为生冤家死对头。所以，对待朋友要竭诚，推己及人，时时刻刻尊敬朋友，"久而敬之"也就不会是什么难以达到的境界。

知识小链接

《晏子春秋》是记载春秋时期（公元前770年—公元前476年）齐国政治家晏婴言行的一种历史典籍，成书于战国时期，由史料和民间传说汇编而成。书中记载了许多晏婴劝告君主勤政、不要贪图享乐的事例，成为后世人学习的榜样。书中很多生动的情节表现出晏婴的聪明和机敏，如"晏子使楚"等就在民间广泛流传。书中还论证了"和"和"同"两个概念。晏婴认为对君主的附和是"同"，应该批评，而敢于向君主提出建议，补充君主不足的才是真正的"和"，才是值得提倡的行为。这种富有辩证法思想的论述在中国哲学史上成为一大亮点。

另一方面交朋友要保持一定距离,把握好疏密分寸。孔子学生子游说:服侍君主太殷勤烦琐,反而会招来羞辱;与朋友相交过从太密,反而会有一天疏远。一句话:无论是对待领导还是朋友,都要把握一个度。注意分寸,适可而止,弄不好就会适得其反。比如说,作为下级,作为朋友,你当然有义务劝谏你的上级、你的友人,但如果他们不听,不采纳你的意见,那也就算了。你的话说到了,义务到了就行。如果你硬要一厢情愿地强迫他们接受你的意见,非要显示自己的忠诚,显示自己的友情,每次见了面就说,唠唠叨叨,情急辞切,给人咄咄逼人的感觉,其结果是上级讨厌你,朋友疏远你,弄得不好,会自取其辱。这方面的例子在中国历史上多得很,就是唐朝大臣魏徵直言善劝唐太宗那样宽宏大量的皇帝,不也好几次差点丢掉性命吗?遇到那些平庸的皇帝,即使是忠臣拼死一谏,也不外乎是白丢性命,根本不起作用。像春秋战国时的伍子胥多次劝说吴王,吴王不但听不进,反而听信谗言处死了伍子胥。伍子胥固然是忠臣,但谈不上明智,因为屡次劝谏,去就不决,最终自己害死了自己。孔子对这样的"愚忠"是不赞同的。处理君臣关系如此,朋友之间又何尝不是如此呢。所以,人与人之间要互相接受,互相包容,互相理解,和谐共处,保持一定距离为好。能行则行,不行则止,不要自取其辱。

再者交朋友要注意纯洁。古人说:"君子之交淡如水。"君子之交虽平淡却能互相成就，小人之交虽亲密却易互相败坏。因此，君子应审慎交友以成就德行，提升道业。以文会友，是君子所为。朋友之间在一起切磋琢磨，相互勉励、支持，共同提升仁德修养，走上人生正途。所以，正人君子交朋结友要以志同道合为基础，而不要维系于酒肉关系、利益关系。这就是"君子以文会友，以友辅仁"的意思，也就是"君子之交淡如水，小人之交甘若醴"的道理所在。

知识小链接

唐太宗：唐朝皇帝，姓李，名世民。李世民登上皇位之后，网罗人才，任用贤能，广纳善言，他与魏征的君臣之交就是一例。魏征（580年—643年）先是辅佐太子李建成，敢于直言不讳，后李世民看重的正是这一点，擢升他为谏议大夫。魏征竭诚辅佐，知无不言，言无不尽，往往犯颜直谏，告诫李世民"水可载舟，亦可覆舟"，"兼听则明，偏信则暗"。有几次直谏犯颜触怒唐太宗，魏征险被杀，但魏征死后，李世民还是亲临吊唁，痛哭说："夫以铜为镜，可以正衣冠；以古为镜，可以知兴替；以人为镜，可以知得失。我常保此三镜，以防己过。今魏征殂逝，遂亡一镜矣。"

伍子胥（公元前559年—公元前484年），名员（一作芸），字子胥，楚国人（今湖北省监利县黄歇口镇），春秋末期吴国大夫、军事家。

伍子胥曾多次劝谏吴王夫差杀越王勾践，夫差不听。夫差急于进图中原，率大军攻齐，伍子胥再度劝谏夫差暂不攻齐而先灭越，遭拒。夫差听信太宰伯嚭谗言，称伍子胥阴谋倚托齐国反吴，派人送一把宝剑给伍子胥，令其自杀。伍子胥自杀前对门客说："请将我的眼睛挖出置于东门之上，我要看着吴国灭亡。"其后，果真在伍子胥死后九年，吴国为越国偷袭所灭。

勤事节俭

◇ 千里之行始于足下是谋事之道 ◇

参考原文　　君子之道，辟如行远，必自迩；辟如登高，必自卑。《诗》曰："妻子好合，如鼓瑟琴。兄弟既翕，和乐且湛。宜尔室家，乐尔妻帑。"子曰："父母其顺矣乎！"（《中庸》）

孟子曰："孔子登东山而小鲁，登泰山而小天下。故观于海者难为水，游于圣人之门者难为言。观水有术，必观其澜。日月有明，容光必照焉。流水之为物也，不盈科不行；君子之志于道也，不成章不达。（《孟子·尽心上》）

孟子曰："有为者辟若掘井，掘井九轫而不及泉，犹为弃井也。"（《孟子·尽心上》）

题解　　勤就是做事、谋事。首先谋事志向要高远，基础要打牢。这里是说君子实行中庸之道，就像走路一样，一定要从近处启程；就像登高山一样，一定要从低处起步。用作为人处世之道，就是说要想处理好与别人、与社会的关系，成就事业，同样跟走路、登山一样，也是要一步一步来。这里我们先引用孟子的一段话来阐明这一道理。孟子说："孔子登东山而小鲁，登泰山而小天下。"我们认为这包含两方面的意思：一方面，讲境界，只有站得高，才能看得远。凡事立志要高远，胸襟要开阔；另一方面，是讲方法，基础要扎实，要持之以恒，循序渐进，不能浅尝辄止，更不能半途而废。"登东山而小鲁，登泰山而小天下"这是胸襟的拓展，境界的升华。人的思想境界也是这样一步一步真正得到提高，得到升华。因此君子勤事、谋事立志要高远，胸襟要开阔，步子要坚实、要稳妥。至于文中说到的光有本，水有源，太阳和月亮的光辉不放过任何一个能够容纳光线的小缝隙，流水不放过任何一个坑坑洼洼。就像我们做学问，立志于道，也同样应该不马虎，不敷衍，循序渐进，厚积薄发。人的心性修养不充实、不圆满，就不能取得成果。无论做人、做事、为官、教书、经商，还是做其他任何工作，都必须修养充实自己，自己不修养、不充实而想成功，那是不可能的。既然如此，我们怎能不打好基础，一步一个脚印地踏实向前呢？这虽然是一段激励人立志向学和提高思想境界的绝妙文章，深富哲理，但同时也可借鉴为谋事之道。

孔子认为，凡事从眼前做起，从身边做起，不要好高骛远，不切实际地异想天开。正如在《论语·雍也》篇中，冉求曰："非不说子之道，力不足也。"子曰："力不足者，中道而废。今女画。"孔子批评他的学生冉求"画地为牢，裹足不前"。一个人不管做什么事情，凡是太功利主义，还没有起步就问终点何在，利益何在，期望值太高，往往会产生畏难情绪，很容易画地为牢，自己把自己限定在一个范围内，甚至裹足不前、打退堂鼓一无所成。只有真正破除自己的心理枷锁，才能真正达到内心的自在，才能潜心修行，才能大有作为。孟子对于勤事、谋事有同样的看法，说是做人做事，如同挖井，要挖到出水为止，没有出水就不挖了，半途而废，功亏于最后一仞。《尚书》也说，"为山九仞，功亏一篑"。其实一旦功亏，不管是一仞还是半仞，都是半途而废，留下的，是山不成山或废井一口。所以无论做人还是做事，都应该坚持不懈，高度自觉，不能一时即毕其功，而需要坚毅的意志和不畏艰难的勇气，方能有所成就。

另外，君子勤事、谋事，还有一个乘势待时、抓住机遇的问题。《孟子·公孙丑上》载，孟子论"王道""霸道"中有"虽有智慧，不如乘势；虽有镃基，不如待时"一句，这里我们可以借鉴，在勤事谋事上得到深刻的启示：所谓"虽然有智慧，不如趁形势；虽然有大锄，不如等农时"。乘势而上这其实就是说，不管做任何事，都要抓住时机，捕捉机遇。在某种意义上说，个人智能的确不如时势造英雄，工具优良也的确不如时机重要。所以，很多人怨天尤人，认为自己怀才不遇，实际上是自己没有抓住时机而已。当然，所谓"乘势待时"，主要是说要分析情况，抓住时机，而不是说凡事赶形势，看风向，搞投机。这里的区别，我们可以以田径赛中的起跑为喻。如果你错过了起跑的口令，老是慢半拍才回过神来，这是没有抓住时机，自然要影响你的成绩，被别人甩在后面；但是，如果你投机取巧，抢在口令发出之前起跑，那就不仅没有抓住时机，反而还犯了规，有被逐出赛场的危险了。所以说真正的乘势待时，也离不开智慧，有智慧才能先正确分析各方面错综复杂的情况，做出决断，抓准时机，收到事半功倍的效果。相反，不能做到这一点，往往让时机从自己的身旁悄悄溜走而自己不知道。就像我们人生历程中，许多时候面临良好机遇而没有抓住，机遇"如驹过隙，稍纵即逝"以致悔恨终身。孟子关于"王道""霸道"的论述也许不会引起我们多大兴趣，但他关于"虽有智慧，不如乘势；虽有镃基，不如待时"的看法，借鉴于勤事、谋事，如何做到"事半功倍"，值得引起我们的一些思考！

◇ "君子不素食"是社会分工不同的表现 ◇

参考原文　　樊迟请学稼。子曰："吾不如老农。"请学为圃。曰："吾不如老圃。"樊迟出。子曰："小人哉，樊须也！上好礼，则民莫敢不敬；上好义，则民莫敢不服；上好信，则民莫敢不用情。夫如是，则四方之民襁负其子而至矣，焉用稼？"（《论语·子路》）

子曰："事君，敬其事而后其食。"（《论语·卫灵公》）

太宰问于子贡曰："夫子圣者与？何其多能也？"子贡曰："固天纵之将圣，又多能也。"子闻之，曰："大宰知我乎？吾少也贱，故多能鄙事，君子多乎哉？不多也。"（《论语·子罕》

题解　　樊迟学稼，讲的是孔子的学生樊迟，向孔子讨教如何种庄稼。孔子骂他不是一个真正的君子，只能算是小人。孔子认为，善于为政的君子，只要以德为政，以礼治国，掌握为政的基本知识就够了，何必去问种庄稼种蔬菜的小事呢？孔子的这种观点，过去曾经被人批评，认为是孔子轻视农业的表现。我们则认为，要回答这一问题，必须弄清楚儒家教育的目的。孔子的教育思想在于培养"文、行、忠、信"的从政人才。勉励弟子们去研究"修己安人"的大学问，致力治国平天下的大事业，而不是要培养掌握某种生存技艺的普通人。社会有分工，种庄稼是普通老百姓的事，而居官为政者则需要学习如何修身立德，重视对礼、义、信的修为。因此，当一个人有能力或有责任经营天下大事时，却一心要他去学种谷、种菜，这岂不是杀鸡用牛刀浪费人才，而且是不利于国家的社会经济发展。孔子的原意是，有所追求，必然会有所放弃；从事大事，就不能纠缠于"小道"。当然，孔子的思想应该是受到他本人的人生观、阶级观和时代的局限，如果用现代的眼光来看，这是有些不大合时宜，但也不是那么不恰当。孔子说的不外乎表达如下两层意思：

第一是"社会分工不同"的观念。在当时，"百工之事，四民分业"。孔子认为要维持人类世界的生存与繁荣，而且使之变得越来越富有，具有更加人道化的伦常色彩和道德内涵，那就不仅需要有人为耕食而务农，有人为制器而做工，有人为交易而经商，而且更需要有人为治人而学习治国之道。孔子认为，作为君子，比如说读书人，亲自去种地难保不饿肚子，社会总得有个分工，每个人要发挥自己的所长选择职业。既然做了读书人，就应该一心向学，进德修业，就可以得到俸禄。所以君子只担忧学不到道，不担忧贫穷，不该提出去学什么种田种地的事。就像我们今天不能让科学家、工程师、教授，曾经是"两弹一星"的功勋者去耕田种庄稼一样如果这样，不仅极大地浪费社会资源，而且又不能最大限度地提高成事效率，这又何苦呢？

第二是重脑力劳动而轻体力劳动。这是当时社会状况与孔子本身的社会地位所决定的。所谓"劳心者治人，劳力者治于人。"(《孟子·滕文公上》)存在决定意识。孔、孟本来就是脑力劳动者，或者说是统治阶级中的成员，站在脑力劳动者或统治者立场上说话，就不足为奇了。从这个意义上说，孔孟的思想对后世儒者重脑力劳动轻体力劳动，走读书做官的道路的确也是很有影响的，这似乎是受到后世人批判的理由。不过话说回来，脑力劳动贬值，出现人们所说的"体脑倒挂"现象，是不是也应该研究探讨呢？俗话说："三百六十行，行行出状元"，专业的事还是交给专业的人去干。说到底还是一个社会分工不同的问题。

"敬其事而后其食"用今天的话来说就是先工作，后享受。在孔子看来食君之禄，担君之忧，要诚敬地对待自己的职责，在自己有所贡献之前，不提报酬之事。这既是一种人生的美德，也是为人处世的智慧。过去事君如此，今天为人民服务、做人民的公仆更应该如此。既然社会分工不同，就应有爱岗敬业精神。儒家把人生比作行路，要求有远大的目标。具有大德行的人不拘一官之任，精于大道理的人不偏于一器之用，讲求大信用的人无须订立盟约，把握大时机的人不求一切都整齐划一。(《礼记·学记》)懂了这些方面的道理，就可以明确自己的志向。这些论点都说明尽管社会分工不同，但不论从事哪一项工作都必须做好。凡事要有志向，要成为社会有用的人，为社会多做贡献。孔子以自身为例，阐释了自己艰辛、曲折的人生，承认自己并不是上天赋予他多才多艺，而是因为少时低贱贫困，为谋生学会和掌握一些技艺。用现代的话说，一个人艰难困苦的时候，什么事情都要靠自己做、自己努力，所以他不仅多才多艺，生活能力强，而且懂得人情世故，长大后多能有所作为。相反，一个人如果从小养尊处优，生活一帆风顺，即使大学或研究生毕业，工作能力不一定就会有多强。尤其是毕业后做社会、文化、商业等方面的工作，如果不谙人情世故，眼高手低，高不成低不就，很容易成为典型的高学位低能力的人。在生活、工作中遇到挫折，心理承受力差、灰心丧气甚至自寻短见的例子也不是没有过。所以，让孩子从小学会吃苦，学会战胜各种困难，锻炼提高独立生活的本领，掌握各种各样的生活技能，提高适应社会各种变化的生存能力，这是今天要引起我们注意的问题。

◇ 君子要以节俭为本，不要因小失大舍本逐末 ◇

参考原文

林放问礼之本。子曰："大哉问！礼，与其奢也，宁俭；丧，与其易也，宁戚。"《论语·八佾》。

子曰："奢则不孙，俭则固。与其不孙也，宁固。"（《论语·述而》）

孟子曰："人之于身也，兼所爱。兼所爱，则兼所养也。无尺寸之肤不爱焉，则无尺寸之肤不养也。所以考其善不善者，岂有他哉？于己取之而已矣。体有贵贱，有小大。无以小害大，无以贱害贵。养其小者为小人，养其大者为大人。今有场师，舍其梧槚，养其樲棘，则为贱场师焉。养其一指而失其肩背，而不知也，则为狼疾人也。饮食之人，则人贱之矣，为其养小以失大也。饮食之人无有失也，则口腹岂适为尺寸之肤哉？"（《孟子·告子上》）

题解

孔子、孟子都十分重视节俭，对此有过很多论述。当鲁国人林放问孔子关于礼仪的问题时，孔子回答说："礼，与其奢也，宁俭。"孔子的回答是很有智慧的，他不去空泛地谈论什么是礼的根本，而是就现实中奢华铺张浪费，形式主义讲排场而发表议论，强调内心和感情上要符合礼仪要求。

奢与俭的问题，就通常意义的理解是一个经济问题，大而言之是受时代风气影响，小而言之，这个问题则受个体生活原则和世界观的制约。一般说来，比较传统、保守年长的人崇尚节俭，比较新潮、激进年轻的人追求奢侈，当然，这是从主观方面说。从客观方面说，是否节俭则还要受到经济能力的制约，对于一个身无分文的穷人来说，"奢侈"是连想也不敢想的，也就只好"节俭"了。从孔子的态度来看，他所代表的显然是传统的节俭精神。这种精神也许已不合于今天的时代氛围，因而不被一些人尤其是年轻人所接受。不过，节俭朴素是我们中华民族的优良传统，俭朴是做人的美德，"俭养德"是一种生活的境界。一个人追求富贵无可非议，但不管多么富裕，总不能过于奢华，骄奢不逊。因为奢侈豪华的生活只是满足感官上的需求，容易引发好逸恶劳，而一旦养成了这个习气，一般很难改变过来，这就是"从俭入奢易，从奢入俭难"。古人说，一个农夫不耕种，就有人要挨饿；一个妇女不织布，就有人会受冻。万物生长是有时节的，如果使用没有节制，物资势必会用尽。如果治理天下达到非常细致周详的状态，国家就有足够的积蓄可以依靠，说的就是要节俭。文中林放问礼之本，孔子回答重在内心道德真实、真诚、真心，这才是礼的根本。从礼的本质来看，养是孝，丧是戚，但对照圣人的要求来看我们今天的社会风气，有些人恰恰是反其道而行之。一般礼仪不从简而尚奢，越奢侈越有排场就越体面越风光，这就不能说是礼的本质了。

在《论语·季氏》篇里，孔子曾经说过："益者三乐，损者三乐"，其中损者三乐，就是告诫我们要节制、节俭。修身和治国，没有比节制欲望更重要的了。古人说勤俭的人节制欲望，奢侈的人放纵欲望；放纵欲望的人危险，节制欲望的人安全。所以，孟子后来也严厉地批评那些只顾大吃大喝养肌肤、养小失大、舍本逐末的人或现象。他说失去了"大的部分"是指性本善以及恻隐、羞恶、恭敬、是非之"四心"，养护"小的部分"是指身体肌肤及感觉器官。在孟子眼中，只在犬马声色中打转的是小人，君子之事，除了仁义礼智还会有别的吗？孟子承认感官上的享受是每个人都会有的，但是不能因为贪图感官享受而忘记了自己的本分。立身为人，内涵比外在更重要，除了感官或者物质享受追求之外，更重要的是内心德行修养即精神追求。只知道吃喝的人之所以受到人们鄙视，是因为他只保养口腹而失去道德。只养身不讲仁义不可取，只有精神上的满足和自我价值的实现，才是人之为人的根本。如果"小害大""贱害贵"，那就本末倒置了。与其"养小"，不如"养大"，不如"用心"培养自己的品德，这是我们必须面对的一个时代问题。

孝悌教化

◇ 孝悌是实行仁道的根本 ◇

参考原文

有子曰:"其为人也孝弟,而好犯上者,鲜矣;不好犯上,而好作乱者,未之有也。君子务本,本立而道生。孝弟也者,其为仁之本与!"(《论语·学而》)

子游问孝。子曰:"今之孝者,是谓能养。至于犬马,皆能有养。不敬,何以别乎?"(《论语·为政》)

孟武伯问孝。子曰:"父母唯其疾之忧。"(《论语·为政》)

曾子曰:"慎终追远,民德归厚矣。"(《论语·学而》)

题解

孝顺父母、尊敬兄长、友爱姐妹是中国古代实行仁道的根本。由孝亲可以延伸到忠君,延伸到其他道德。孝悌是"齐家治国平天下"的至德要道,也就是说,只有爱自己的亲人,然后才能爱别人。相反,一个连自己的亲人都不能敬爱的人，是不会敬爱别人，也不会受别人尊敬的。所以，在儒家学说中，孝悌是一个社会政治问题。"百善孝为先"，一个人对父母是否孝顺，对兄长是否尊敬，这绝不是一个个人问题，也不仅仅是一个家庭问题，而是关系到社会是否安定、天下是否太平的大问题。因为一个懂得孝和敬的人，自然会在社会中安分守己，不会去做逆反的事情，这样社会就和谐安宁。当然，随着宗法制度的解体，血缘关系作为社会纽带的作用日益减弱，孝悌问题也逐渐从社会退居家庭，从"法"的领域退居"道德"的领域。不过孝敬父母，尊敬兄长，爱护兄弟，共同分享温暖和亲情，拥有一个幸福的大家庭，把"孝悌"作为人生的一大乐趣是一件多么开心、有意义的事情呀！

孔子学生子游问孝，孔子说孝悌的根本不在于赡养父母（不仅从物质上，还应从心理上满足他们的需求），而在于要有孝心，要有真挚的感情。没有孝心，没有诚心，仅仅是无可奈何地尽责任，那所谓的赡养就与饲养家禽牲畜是没有什么区别的。那么，我们怎样才能做到孝悌呢？孔子认为对父母的"养、敬、礼"是孝的固有内涵。人有精神的需求，有别犬马，如果没有孝敬之心，赡养又有何意义呢？有人认为这里的孝心有两种解释，一种解释是说父母年纪大了，做子女的应该担忧的就是他们的疾病，关心他们的健康。另一种解释是，作为儿女应该体会到父母对幼时的自己疾病担忧的心情，而应给予回报"孝"。其实天底下只有父母对自己子女的爱是不图回报的。难道我们不曾记得"慈母手中线，游子身上衣。临行密密缝，意恐迟迟归。谁言寸草心，报得三春晖"（《孟郊·游子吟》）的那种情景吗？

知识小链接

孟郊（751年—814年），唐代诗人，字东野，唐代湖州武康（今浙江德清县）人。现存诗歌500多首，以短篇的五言古诗最多。他作诗的态度极为严谨，往往苦思力锤，入深履险，甚至含着涩味，如《游子吟》。孟郊有"诗囚"之称，又与贾岛齐名，人称"郊寒岛瘦"。

儒家重视孝的道德，是因为孝是忠的基础，一个不能对父母尽孝的人，是不可能为国尽忠的。《三字经》里有一个"香九龄，能温席"的典故。说的是东汉人黄香，九岁时就知道孝敬父亲，寒冬时节用自己体温为父亲暖被窝的事情。小黄香的孝心感动了左邻右舍，人们都说能孝敬父母的人，一定懂得爱百姓爱国家。事实果真如此，黄香后来做了官，为当地老百姓做了许多好事实事，受到老百姓的称颂。而他"用体暖窝孝敬父亲"的故事更传为美谈，流芳千古。所以只要人人做到忠与孝，社会与家庭就可以和谐安定。因此，儒家要求人们对自己的父母尽孝，无论他们在世去世，都应尽孝。"慎终追远"就是慎重办理父母的丧事，虔诚追念祭祀远去的祖先，是指中国古代后人表达对自己父母等长辈的感恩，对先祖的怀念，是孝道礼节的一种延续。按照孔子一位高徒曾子的说法，"丧祭追思"就是实行仁道的根本，所以直到今天，一般中国家庭也没有废弃"慎终追远"，没有忘记"丧祭追思"。比如父母去世的丧事都会慎重地办一办，清明时节，很多家庭没有忘记上一次祖坟，烧几炷香，以此来祭祀逝去的亲人。这种仁孝的态度已推及我们当今生活中的各个方面，成为一种传统文化的继承。

《孝经》中说，人的身体、四肢、毛发、皮肤都是父母给予的，应当谨慎爱护，不敢毁损伤害，这是实行孝道的开始；自身有所建树，实行正道，把名声远扬于后世，使父母获得荣耀，则是实行孝道最终的目标。所以实行孝道，开始于侍奉双亲，推广于侍奉君王，最终的目的则是立身行道。真正能够把孝敬父母、友爱兄弟之道做到尽善尽美，就会感通天地神明，四海之内充满道德的光辉，没有一个地方不受孝道的感化。谨慎遵礼，节省用度，以此来供养父母，这也是老百姓应尽的孝道。因此，上自天子下至老百姓，孝道是不分尊卑，超越时空永恒存在，无始无终的。孝道是人人都应该做的且能做得到的，是礼之根本。

知识小链接

《孝经》，中国古代儒家的伦理著作，儒家十三经之一。传说是孔子所作，但后人有疑义。清朝纪昀在《四库全书总目》中指出，该书是孔子七十之徒的遗言，整理编辑而成，全书十八章。以孝为中心，比较集中地阐述了儒家的伦理思想。它肯定"孝"是上天所定的规范，"夫孝，天之经也，地之义也，人之行也"。指出孝是诸德之本，认为"人之行，莫大于孝"，国君可以用孝治理国家，臣民能够用孝立身理家。其中"孝道是一切德行的根本"这一观点，对中国社会产生了极其深刻的影响。

◇ 儒家思想中君子的真孝大孝 ◇

参考原文

孟懿子问孝。子曰:"无违。"樊迟御,子告之曰:"孟孙问孝于我,我对曰:'无违'"。樊迟曰:"何谓也?"子曰:"生,事之以礼;死,葬之以礼,祭之以礼。"(《论语·为政》)

孟子曰:"不孝有三,无后为大。舜不告而娶,为无后也。君子以为犹告也。"(《孟子·离娄上》)

公都子曰:"匡章,通国皆称不孝焉,夫子与之游,又从而礼貌之,敢问何也?"

孟子曰:"世俗所谓不孝者五:惰其四支,不顾父母之养,一不孝也;博弈好饮酒,不顾父母之养,二不孝也;好货财,私妻子,不顾父母之养,三不孝也;从耳目之欲,以为父母戮,四不孝也;好勇斗狠,以危父母,五不孝也。章子有一于是乎?夫章子,子父责善而不相遇也。责善,朋友之道也;父子责善,贼恩之大者。夫章子,岂不欲有夫妻子母之属哉?为得罪于父,不得近,出妻屏子,终身不养焉。其设身以为不若是,是则罪之大者,是则章子已矣。"(《孟子·离娄下》)

万章问曰:"舜往于田,号泣于旻天,何为

其号泣也？"孟子曰："怨慕也。"

万章曰"父母爱之，喜而不忘，父母恶之，劳而不怨，然则舜怨乎？"……为不顺于父母，如穷人无所归。天下之士悦之，人之所欲也，而不足以解忧；好色，人之所欲，妻帝之二女，而不足以解忧；富，人之所欲，富有天下，而不足以解忧；贵，人之所欲，贵为天子，而不足以解忧。人悦之、好色、富贵，无足以解忧者，惟顺于父母，可以解忧。人少，则慕父母；知好色，则慕少艾；有妻子，则慕妻子；仕则慕君，不得于君则热中。大孝终身慕父母。五十而慕者，予于大舜见之矣。（《孟子·万章上》）

题解 　　什么是真孝、大孝？儒家认为是"养生送死，孝不违礼"。孔子认为，孝道属于家庭伦理范畴，不能越出作为政治伦理原则的"礼"的规定。孝道必须受礼规制，依礼而行。所谓不违背礼节就是：一要虔诚恭敬，尽到礼数，不能敷衍塞责；二要按照既定的礼仪，即天子、诸侯、大夫、士、庶人（普通人）各有差等，对父母生死都要按照礼仪侍奉、安葬、祭祀，不得僭越。用今天的话来说，就是既要做到虔诚，恭敬，又不能超越标准，铺张浪费摆排场。这是很值得我们深思的。

　　孟子说不孝有三种：一味顺从，见父母有过错而不劝说，使他们陷入不义之中，这是第一种不孝。家境贫穷，父母年老，自己却不去当官吃俸禄来供养父母，这是第二种不孝。人到成年不娶妻生子，断绝后代，这是第三种不孝。也就是孟子所说"无后为大"是最大的不孝。儒家这种"无后"为"大不孝"的思想，是不是太陈腐落后而应该被批判了呢？问题倒没有这样简单。我们认为，不管什么时代都有一个人口再生产问题。孔孟时代，国家人口稀少，从人类绵延发展需要人口再生产的角度和"父母之心，人皆有之"的人性情态来看，三种不孝"无后"似乎的确是有罪过的。不然的话，"断子绝孙"怎么会成为当时人们最恶毒的诅咒呢？用现代的观点来看，当时如果人人都抱独身主义，人人"无后"，用不了百年，人类何在呢？不同时代有不同的要求，中国现代的前一阶段人口膨胀，所以要把计划生育当国策，如今放开二胎生育政策，其实质就是要求人口再生产必须适应经济社会发展的需要。孟子说"不孝有五，不顾父母之养"，与"不孝有三，无后为大"的三种不孝又有所不同。对于现代人来说，这五种不孝的情况仍然程度不同地存在着，其中最为典型的恐怕是第三种"好财货，私妻子，不顾父母之养"，养下不养上。当今的中国，过去提倡"独生子女"，出现了下是"小皇帝"、上是"老长工"的现象，有了"小皇帝"（儿子），忘记了"老长工"（老父母）。如此恶性循环，岂不悲哉！可见，提倡孝敬父母，强调赡养老人人人有责，从内心深处真正的孝敬父母，今天不仅没有过时，反而具有非常重要的现实意义。

真孝大孝终身慕父母，是孟子与万章的一段对话，对大舜的"孝"做出了心理分析。大舜由于没有得到父母的喜爱，所以"不告而娶"，即便获得了绝色美女和妻子，甚至自己已做了君王，达到了权力和财富的顶峰以后，也仍然郁郁寡欢，心存内疚，思慕父母之爱。其实用现代眼光来看，真心孝、终身都爱慕父母的有两种情况：一种是终身都只爱慕父母，其他如儿女、妻子、君王等统统地不爱；另一种是既终身爱慕父母，又不妨害爱儿女、爱妻子、爱君王等。若从仁的本质来看，"仁爱""礼让"对天下人都要有"爱心"，那么第二种应该是正常的情感心态，第一种则出于"恋父""恋母"情结了，不符合"仁"的本质。表面上，大舜恋父母的情感心理在今天来看似乎是有缺陷的、病态的，但大舜年少时被父母、弟弟赶出家门，而没有得到父爱母疼，失去一个人起码应该得到的疼爱，所以有着一股比常人更强烈的思念之情。他的"终身慕父母"是出于思念之情，似乎缺乏典型意义，这也是他本人对孝的认识及时代的局限性。如果我们今天要做到"大孝"，就应该既要"终身慕父母"，又要爱儿女和妻子及家庭其他人，这才是健康正常的心态。我们说，人的爱心源于亲爱之情，它体现了个人动机自然属性的一面，随着个人的成长这种爱心与基本动机社会属性结合，逐步提升为对长辈的报答之情——孝心，进一步达到为维护群体生命的延续和价值传承的一种责任感，这就是真孝、大孝。

◇ 儒家的教育方针及对象 ◇

参考原文

子曰:"性相近也,习相远也。"(《论语·阳货》)

子曰:"中人以上,可以语上也;中人以下,不可以语上也。"(《论语·雍也》)

孟子曰:"以善服人者,未有能服人者也;以善养人,然后能服天下。天下不心服而王者,未之有也。"(《孟子·离娄下》)

孟子曰:"君子有三乐,而王天下不与存焉。父母俱存,兄弟无故,一乐也;仰不愧于天,俯不怍于人,二乐也;得天下英才而教育之,三乐也。君子有三乐,而王天下不与存焉。"(《孟子·尽心上》)

题解

儒家主张对全民进行教育,其目的之一就是要在全民中培养一部分君子,以缓解社会基本矛盾。教育的总纲是"立志、学礼、求仁",最后把"六艺"内化为人格的一部分,即首先是教育学生必须有弘道的责任感,就是立志;其次是要通晓行为规范,也就是"学礼",然后有才智、责任心而专心致力于道"求仁",并以才智为基础学习,掌握礼、乐、射、御、书、数(六艺)并把它们内化为人格的一部分。孔子说"性相近也,习相远也",是说人的本性是天生的,也是大致相同的,但因为后天的生活习惯,生存环境,以及所受教育程度的不同而造成了很大的差别。这就告诉人们要亲贤近善,也说明人是可以通过教育塑造而发生改变的。但实际上人的后天的确也存有一些不良心理及个性,孔子指出了众多的不良个性、心理以及它们导致的相应行为,表明了他自己对不良个性和心理的否定态度。例如"党",它是偏私的意思,偏私是指对个别人尊重并施惠,对其他人不尊重或施惠;例如"贪",它是贪婪的意思,贪婪的人很难做到尊重并施惠于人;例如"骄",它有狂妄自大的意思,狂妄自大很容易导致对他人的不尊重;例如"猛",它有鲁莽蛮干的意思,鲁莽蛮干的人很容易伤害他人;例如"佞",它有拍马逢迎的意思,这种行为是奉承少数人,不可能尊重大多数人利益的;例如"讦",它有恶意攻击他人的意思,对人的伤害很大。此外,我们通常所说的好胜、固执、忌刻、猜疑等等,都可能会在不同程度上引发伤害他人的行为。总而言之,要成为一个有德君子必须警惕这些不良的个性和心理,努力加强道德修养,道德修养很重要的一方面就是后天的教养。

作为仁者和教育家,孔子重在教人成为有德之人,因而更强调后天教育的重要性,把因材施教作为教育的重要技巧。孔子把人分为四等:"生而知之者上也,学而知之者次也,困而学知之,又其次也;困而不学,民斯为下矣。"(《论语·季氏》)又说"唯上知下愚不移"(《论语·阳货》)。我们一般人,或者借用孔子的话叫作"中人",所有的中人天赋都差不多,只是因为后天的教养习染不同而相差很远,但"上知"与"下愚"的人却是无法改变的。因为"上知"就是天才,生来就有某种天赋才能,而不是靠后天教养才取得的,而"下愚"则是在生活与工作中遇到了困难都还不愿意学习的人,这样的"下愚",你有什么办法去改变他呢?当然孔子提出的"四等"人,有人认为是站在阶级的角度对人进行划分的,有轻视劳动人民的嫌疑。今天我们看来这的确有些唯心主义成分,也有时代局限性,应该批判吸收,但可以肯定地说,成就的关键还在于"养人",即后天的培养。

孔子说"有教无类",是说人在接受教育方面应该是平等的。从孔子学生的实际情况来看,富有如冉有、子贡;贫穷如颜渊;贵族子弟如孟懿子;卑贱出身如仲弓;勤奋刻苦如颜渊;懒惰贪睡如宰予,都成了孔门的弟子,孔子皆一视同仁教诲无贵贱亲疏的区别。甚至对自己的儿子也不会偏心眼儿,没有多教给他一些高深奇异的知识,没有特别的教诲。别人问他儿子是否多受到孔子的教育,儿子孔鲤回答了自己所听到的两条教诲:一是"不学诗,无以言",二是"不学礼,无以立"。不过,孔子也曾有过"巧言取人,失之宰予;以貌取人,失之子羽"。受"男女有别"思想的局限,在他教育生涯中没有收过一个女弟子。但总的来说,孔子还是有教无类的,说明孔子育人是种很朴素也很容易理解的教育原则。当然真正贯彻这种原则,却不容易,尤其是当今社会的某些老师就不是做得那么到位。

　　服人服心，是说以善服人心。善不是说教，而是实实在在用自己的善言善行去熏陶教化人，天下的人才口服心服。作为教育家，无论是孔子还是孟子对于教育都非常重视身体力行。因为无论你有多么好的思想，多么好的治国平天下方略，人有多么"善"，不通过"育人、养人"——培养教育，怎么能够让人们理解而化为他们的思想和行为呢？因此，无论什么人，后天的培养教育非常重要。所谓"养不教，父之过；教不严，师之惰"。贤者为师，团结大家一道进步；能者为师，帮助大家共同提高，讲的就是人人都有教育熏陶他人的义务。这里孔孟所说的要以善养人，也有"与人为善"的意思。"与人为善"我们之前说过不是狭隘理解为交结朋友、共同做事、以善待人，而是自己行善也要与人一起行善，"己欲立而立人，己欲达而达人"的意思。否则，所谓的"好人"又好在哪里呢？儒家的核心思想是礼让、仁爱，对天下人有爱心。模拟西方圣哲的话来说："人啊，你们都是上帝的子民。要互爱，不要抛下任何一个兄弟姐妹不管！"所以当今中国都在提倡"希望工程""心连心""手拉手""志愿者"的活动，以善养人，人人献爱心，帮助他人，求实务本。

　　孔孟等圣贤都把教书育人作为人生最大快乐。孟子说人生有三乐：一乐家庭平安，即天伦之乐；二乐心地坦然，自得之乐；三乐教书育人，成功之乐。当然，作为教书先生，孟子还因"得天下英才而教育之"而快乐。总之，教学育人尤其是后天育人是儒家的教育方针。正如孔子的学生曾子说：一年之计，莫如树谷；十年之计，莫如树木；终身之计，莫如树人。意思是说如做一年的规划，没有什么事比种植五谷更为重要；如做十年规划，没有什么事比栽种树木更为重要；如做终身规划，没有什么事比培育人才更为重要。儒家这种"百年大计，教育为本"的思想，对后世影响很深，能够给人以启迪，值得借鉴。

◇ "育德为先"是儒家教育的基本原则 ◇

参考原文

子曰："弟子入则孝，出则弟，谨而信，泛爱众而亲仁。行有余力，则以学文。"（《论语·学而》）

逢蒙学射于羿，尽羿之道，思天下惟羿为愈己，于是杀羿。孟子曰："是亦羿有罪焉。"公明仪曰："宜若无罪焉。"曰："薄乎云尔，恶得无罪？郑人使子濯孺子侵卫，卫使庾公之斯追之。子濯孺子曰：'今日我疾作，不可以执弓，吾死矣夫！'问其仆曰：'追我者谁也？'其仆曰：'庾公之斯也。'曰：'吾生矣。'其仆曰：'庾公之斯，卫之善射者也；夫子曰吾生，何谓也？'曰：'庾公之斯学射于尹公之他，尹公之他学射于我。夫尹公之他，端人也，其取友必端矣。'庾公之斯至，曰：'夫子何为不执弓？'曰：'今日我疾作，不可以执弓。'曰：'小人学射于尹公之他，尹公之他学射于夫子。我不忍以夫子之道反害夫子。虽然，今日之事，君事也，我不敢废。'扣轮抽矢去其金，发乘矢而后反。"

孟子曰："中也养不中，才也养不才，故人

乐有贤父兄也。如中也弃不中，才也弃不才，则贤不肖之相去，其间不能以寸。"（《孟子·离娄下》）

题解　　孔子教育弟子们："年少子弟在家就应该孝顺父母，出外要敬顺兄长，谨信而有信用，泛爱众人而亲近仁者，做到这些后如有余力，就用来学习文化知识。"讲的是希望培养学生的理想人格，即达到孝、悌、谨、信、泛爱、亲仁、学文七条标准，表明孔子的教育是以道德教育为中心，重点以德育人，就是首先要提高人的道德修养，其次才读书学习文化知识。儒家认为，学习的目的，一是为了培养德行，二是为了学习技艺，三是为了有用于社会，也就是君子行仁。换句话说，如果你想要学习文化知识，精通学习之道，也只有从做人的体会、人生的经验入手，才能够学有所成，学以致用，而不会成为读死书的书呆子。这是从正面说。从反面说，教育的基本原则是育德为先，文中孟子举了一个例子"逄蒙学艺，艺成害师"，是说逄蒙向后羿学射箭，学成之后射死了他的师傅后羿，孟子说后羿自己是有责任的。他说春秋时有一位箭师子濯孺子（郑国大夫）品行端正，同时善于选择和教育学生，注重学生的人品正派，相信自己的学生尹公之他也会像自己一样选择和教育学生,所以在郑国与卫国两国交战中子濯孺子相信自己学生的学生庾公之斯不会杀他而死里逃生。可后羿却不善于选择和教育学生,对于逢蒙的人品失察失教,只传艺、不育德,结果招致杀身之祸,所以孟子说后羿对于自己的被害也负有一定责任。

逢蒙学艺、艺成害师,历来为人所不齿,这本已是大家的共识,孟子却提出了自己独特的见解,认为后羿也有自取其辱的责任在内。乍一听来,我们会和他的学生公明仪一样不能理解,但仔细想想,也就觉得并非没有道理了。比如说我们今天有些人与人交往时自己不谨慎,把一些不三不四的人带回家中,使之见财起意,产生歹心,结果发生失窃甚至谋财害命的惨案,这能说房主人自己一点责任也没有吗?这还只包含了交往中要注意识人察人的一方面,没有包含对学生进行品德教育方面的问题。如果后羿不只是教逢蒙箭术,也教他做人的道理,既传艺又传德,那也许就不会发生自己被害的悲剧了。所以,从逢蒙杀后羿这件事上,我们至少可以得出两个方面的教训:一方面,不仅交往朋友选拔干部需要识别、考察人,就是收学徒、招学生也同样需要慎重选择。另一方面,无论是教学徒、教学生还是培养其他什么人,都一定要从德与才两个方面着眼进行教育与培养,使之全面发展,成为德才兼备的人。只有做到了这两个方面,才不会酿成祸端,追悔莫及。我们在教育培养人的实际操作中,要把"逢蒙杀羿"这件事作为提醒我们注意的一个案例,一个经验教训。

知识小链接

羿：即后羿，传说中国夏代有穷国君，善射箭，曾夺大康王位，后被其臣寒浞所杀。《孟子》书中记"逢蒙学艺，艺成害师"实为逢蒙帮助叛臣寒浞杀害后羿。

逢蒙：羿的学生，史称帮助叛臣寒浞杀羿。

子濯孺子：郑国大夫，亦善射箭。

尹公之他：卫国人，子濯孺子徒弟。

庾公之斯：卫国大夫，向尹公之他学射箭。

以善养人，能服天下。儒家认为"教"是传授知识和按君子的标准培养人的行为；品德修养好的人教育熏陶品德修养不好的人，有才能的人教育熏陶没有才能的人。如果有德有才的人只顾自己而忽略社会责任，也就近似于无德无才的人。所以，古人教育内容包括以"仁"为核心的"孝""忠""敬""恕""信""义"等道德范畴。礼和乐内涵的核心也是仁，仁的核心内容是把"德"放在首位。而六艺中的"礼"是人的行为准则，侧重于德育；"乐"可以陶冶人的情感，形成人的性格，侧重于美育；"射、御"是军事课程，侧重于"体"；"书、数"是基本知识与技能，侧重于智育。所以按德、美、体、智的排列就是把品德修养、礼义实践列于学习文化技能之前。因此，教的原则必须是育德为先。《礼记》上说"幼子常视毋诳"是说做任何事母亲要教育小孩，不要说谎话。《老子》

曰"轻诺者寡信",答应得太爽快,往往容易失信。如前所讲的曾子杀猪取信于儿子的故事,就是母亲答应太快,用谎话哄孩子。《孟子·尽心上》中"尧舜之仁,不偏爱人,急亲贤也",是说教育人们要亲近贤人。这些都是讲教育要"以德为先",教育内容文、行、忠、信不可缺。说到底,儒家的教育思想,是以"仁爱"为出发点,实现"己欲立而立人,己欲达而达人""行义以达其道"的理想目的,以己之仁爱,推己及人,惠及众生,所以教的原则必须是"育德为先"。

为政篇

○ 入世为官　　○ 廉洁从政　　○ 选贤任能　　○治国平天下

入世为官

◇ **入世为官是君子的积极人生态度** ◇

参考原文

子夏曰:"仕而优则学,学而优则仕"(《论语·子张》)

子贡曰:"有美玉于斯,韫椟而藏诸?求善贾而沽诸?"子曰:"沽之哉,沽之哉!我待贾者也。"(《论语·子罕》)

或谓孔子曰:"子奚不为政?"子曰:"《书》云:'孝乎惟孝,友于兄弟,施于有政',是亦为政,奚其为为政?"(《论语·为政》)

题解

孔子毕生以"为学、求道、从政"为目的造福于人类,积极入世致力于改变无道的混乱现实状况。他明道救世的态度和立场,至少有三种:第一种是能够有所作为时,努力作为;第二种是不能有所作为时,保持沉默,不介入不仁之事;第三种是"明知不可为而为之"。他周游列国,极力推行仁政王道,虽然他清楚这一目标很难实现,却依然不屈不挠,坚持到底,表达了他具有强烈的社会责任感和历史使命感,这是"仁者"的大勇,也是儒家主张刻意积极入世的人生根本目标和动力。儒家提倡"仕而优则学,学而优则仕"。所谓"学而优则仕",其本意是说应该鼓励读书人多学习,学有所成,考取功名,通过做官以实现自己的政治抱负和社会理想,这是中国古代知识分子唯一能成功的人生道路,它体现的是积极入世的人生态度。至于"仕而优则学",就是已经做官的人有余力就去学习,提高文化知识水平,增长理论修养。归结起来,"仕而优则学,学而优则仕"贯穿着"学以致用""活到老学到老"的思想,是值得我们今天借鉴和吸取的精神。

孔子的政治思想和伦理思想是紧密联系在一起的,他认为建立在伦理之上的政治才是好的政治。君子好学、修身是为了用于社会,求仕当然就是天经地义的事情,这是儒家的一个基本立场。儒家认为人生在世,因他人对自己负责而存活,读书人也就必须为他人的存活而负责任,否则就太自私了。因此,中国古代读书人把"为官是直接推行德治"、实现"仁政"作为政治理想,在提高自己修养的同时,以天下为己任入世为官。当然,历史上也有很多文人士子,昧于当时的社会乱象,看不到希望,因而以此为借口放弃责任,逃避现实,这是不够"知"的表现。所以,从这个意义上说,"学而优则仕"应该是一种对自己、对他人、对社会负责任的积极人生态度。

"待贾而沽,不藏于椟"是孔子另一名高徒子贡提出来的,读书人出不出去做官的问题,也是政治态度问题。古人常以水和玉比德,这里子贡把有德有才的读书人比作珍藏在匣子里的一块美玉,要找一个识货的商人把它卖出去。孔子说"沽之哉，沽之哉！"这反映了孔子求仕（做官）治世的心理。但他又说"我待贾者也"，正等待识货的商人来呢！他的学生讲"求"，孔子讲"待"，这一"求"一"待"态度大不相同。其实孔子的意思是：读书人不是不想做官，只不过厌恶用不正当的手段去谋取官位罢了。读书人等待被任用，就像美玉等待识货的商人来买一样。以伊尹、伯夷、姜子牙等人为例，如果没有商汤、文王的识才任用，就终身默默无闻也在所不惜，绝不会枉道事人、主动去炫耀自己以求做官。用现代的话来说，读书人可以做官，但却不可以求做官，不可以去"跑官、要官、买官"。因此，在条件具备的情况下，必须有相应的作为，即使在条件不具备的情况下，在主观上仍然必须乐意尽力去承担社会责任。

孟子曾经说过，"人皆可为尧舜"，意思是说每个人都要有立志向善的信心，从自己力所能及的事情做起，不断提高修养，完善自己，最终可以成为一个有所作为的人。同样可以借喻读书人以天下为己任、勇于担当、立志报效国家、回报社会的责任感，向圣贤学习，人人都可以为圣贤，表明了儒家道德伦理思想的最高标准，以道德为核心的理想人格，其最终的实践结果就是成为像圣贤一样的人。这与佛家的修行人皆能成佛，具有异曲同工之妙。

在传统的西方基督教思想中，人的终极道德目标是按照上帝意旨，获得上帝的宠爱。事实上，人永远不可能成为上帝，这是两种人格取向，也是东西方思维模式方式的差别。因此，在道德、人格取向问题上，东方的思维模式是给人更为积极进取的上进心、自信心，这种自信当然为读书人入世为官的可能性提供了保证。尽管并非每个人都能成为"尧舜",但如果每个人在追求圣贤的道路上,从小事做起,实实在在地去做,日积月累,依旧能够培养自己的道德情操,实现自己的远大政治理想和社会抱负。

知识小链接

伊尹:商朝初年的大臣,辅佐商汤,后大(太)甲年幼即位,不明于德,颠覆典刑,伊尹使大甲居忧于桐宫,要他反省思过,自己代摄国政。大甲居桐宫三年,悔过自新,伊尹把他迎归复位,大甲终成贤王。

姜子牙:(约公元前1156年—约公元前1017年),姜姓,名尚,字子牙。商末周初军事家,齐国开国君主。姜子牙先后辅佐了西周文王、武王,是周文王倾"商"、武王克"纣"的首席谋主、最高军事统帅与西周的开国元勋。西周初年,被周文王封为"太师"(武官名),尊为"师尚父"。

姜子牙也是齐国的缔造者,齐文化的创始人,亦是中国古代的一位影响久远的杰出韬略家、军事家与政治家。历代典籍都公认他的历史地位,儒、法、兵、纵横诸家皆追他为本家人物,被尊为"百家宗师"。

对于读书人为官就是参与政治观点,孔子也有一定的看法。孔子认为，读书人要"醉心文化""参与社会"和"关切政治"，也就是说"为学、求道、与从政"。或者说好古敏求以为学，明道救世以从政，修己安人以造福人类为求道。因此他说不做官也可以参与政治。孔子认为，治国治家的道理是相同的，修身育德就是为政，把亲情扩充于人与人之间的仁德之心，把治家之道伸展到治国之道，也就是参与政治了，这种观点的确是具有跨时代的意义。即把孝顺父母、友爱兄弟这种孝悌的精神影响到政治上去。像孔子、孟子那样，不做官，却奔走于各国之间，去做那些做官的人的座上客，积极推行其仁政思想，以满腹经纶、高谈阔论的方式去参与政治，这也是推行齐家治国应以孝悌之德为本的道理。所以君子要修养自身的品德，即使没有担任官职，但只要其仁德足以为规范，其言行足以为士则，这就是为政。也就是说，只要你做到了孝悌，而且把孝悌的精神普及运用到政治上去，就算是参与政治了。如果一个人以孝来齐家，德风所至而化育万物，使全国上下形成孝的社会风气，使万民能够沐浴其德泽，这不也是参与政治了吗？即使你没有为官，也为治理国家做出了贡献，这又与做官有什么区别？这样一说，谁还能超脱于政治之外呢？

◇ 君子入世为官的基本条件和原则 ◇

参考原文

子曰："不患无位，患所以立；不患莫己知，求为可知也。"（《论语·里仁》）

子路曰："卫君待子而为政，子将奚先？"子曰："必也正名乎！"子路曰："有是哉，子之迂也！奚其正？"子曰："野哉，由也！君子于其所不知，盖阙如也。名不正，则言不顺；言不顺，则事不成；事不成，则礼乐不兴；礼乐不兴，则刑罚不中；刑罚不中，则民无所措手足。故君子名之必可言也，言之必可行也。君子于其言，无所苟而已矣。"（《论语·子路》）

子曰："不在其位，不谋其政。"曾子曰："君子思不出其位。"（《论语·宪问》）

周霄问曰："古之君子仕乎？"

孟子曰："仕。《传》曰：'孔子三月无君，则皇皇如也，出疆必载质'。公明仪曰：'古之人三月无君则吊'"

"三月无君则吊，不以急乎？"

曰："士之失位也，犹诸侯之失国家也。《礼》曰：'诸侯耕助以供粢盛；夫人蚕缫以为衣服。

牺牲不成，粢盛不洁，衣服不备，不敢以祭。惟士无田，则亦不祭。'牲杀、器皿、衣服不备，不敢以祭，则不敢以宴，亦不足吊乎？"

"出疆必载质，何也？"

曰："士之仕也，犹农夫之耕也，农夫岂为出疆舍其耒耜哉？"

曰："晋国亦仕国也，未尝闻仕如此其急，仕如此其急也，君子之难仕，何也？"

曰："丈夫生而愿为之有室，女子生而愿为之有家；父母之心，人皆有之。不待父母之命、媒妁之言，钻穴隙相窥，逾墙相从，则父母国人皆贱之。古之人未尝不欲仕也，又恶不由其道。不由其道而往者，与钻穴隙之类也。"《孟子·滕文公下》

题解

我们知道，君子为官者必须以君子的责任自律。君子内在和外在的各种品格应表现为庄重、宽容、诚实、勤勉、慈惠等。因此，古时君子入世为官是要具备一定条件的，还必须把握为官原则：

其一，"不患无位，患所以立"。不怕没有官做，只怕没有做官的本事。孔子并非不想身居官职，但他更希望他的学生立定自己的学问、修养、才能，并培养具备足以担任官职的本领，使自己成为治国治世的贤才，成为弘扬礼义的有德之人。事实上孔子自己一生追求"克己复礼"，周游列国而"累累如丧家之犬"，没有能够实现自己的政治抱负。这是一种"别人不知道、不了解自己"的遗憾，也是他终身未能解开的一个"情结"。"不患莫己知，求为可知也"，圣人的自我安慰或自我解嘲对于那些怀才不遇、怨天尤人的读书人倒的确能起到强心镇静的作用。俗话说"是金子总会发光的"，无论别人知不知道自己，了不了解自己，不断地加强修身养性、苦练内功、增强才干总是硬道理，只有进德修业、修炼好本领，才会使立德、立功、立业都有希望。

其二，做官要"名正言顺"。这是孔子关于为人处世、从政治国的著名论述。从广义上讲，治国首先要把大的纲常、道理弄清楚。中国古代的"名"代表的是一种社会秩序、规范、法则，关系着传统伦理政治的维系和社会的和谐安定。"正名"本意就是纠正当时社会间那些混乱的名称，明确规定社会各阶层的权利和义务，以保证礼的实现，具体内容是"君君、臣臣、父父、子子"。一个国家、一个单位、一桩事业如果没有规矩就会陷于混乱。因此孔子认为，既然做了官就要"名正言顺，名不正，言不顺，则事不成"。我们理解，"名正言顺"牵涉到的是三个层次的概念：一、名分；二、在这个名分下所说的话；三、在这个名分下所做的事。如果名分不正，说出来的话就没有人听；既然说出来的话没有人听，事情当然也就办不成了。所以，名分不仅仅是一个"名"的问题，还有实在的内容。名不正所导致的往往是实不正。比如说做官要有官位，官位不仅仅是一个名称，还有实权。如果让一个人去领导一个单位而不给他任何职务，或者让一个人去率领一支军队而不给他任何官衔，看他说话有没有人听，看他事情办不办得成。这就是名不正则言不顺，言不顺则事不成的现实道理。这也是为官的基本原则或条件。如果君子要从政做官，对自己的"名分"可千万马虎不得的！

其三，"不在其位，不谋其政"。这也是为政的基本修养。在孔子眼中，人与人有严格的身份差别，每个人都安分守己，社会才能井然有序而不至于混乱。当然，关键是要有位，要有自己的名位。不在其位不了解情况，隔行如隔山，谈论起来于事无补，反而添乱，这是不符合"仁义"原则的。在位者谋政，不在位者不谋，这是告诉人们要安分守己，做好本职工作，不要干预不属于自己的政事。假如一心去谴责不在位者"不谋其政"，那天下就乱套了。当然，不在位之人"不谋其政"，不等于放弃社会责任。其实，统治国家，管理百姓，就需要有人"各司其职，各就其位"来做决策、决断。如果大家都各执己见，言辞纷扰，莫衷一是，而不能达成一致，就会导致社会混乱。一个正常的国家与社会，应该是上下都按名分各尽其职，这样国家和社会才能稳定运转。自古以来就有百姓不议朝纲的故事，一乱说，就会"罪有应得，那不过是自己的糊涂"。（鲁迅语）历史上若要找这样"糊涂"的人，恐怕比比皆是，很多人为此丢官葬送前程自己却还不知道是为什么。

其四，读书人做官十分迫切，但必须具备条件。中国古代读书人对做官十分迫切，想做官的人，要亲自带头耕种饲养祭祀的粮食、谷物及牲畜，夫人要带头养蚕织丝准备祭祀的衣服。粮食谷物不清洁，牲畜、器皿、衣服不完备是不能祭祀的。士人要是没有供祭祀用的"圭田"是没有资格祭祀的，也不敢举行宴会。这些条件不是每一个读书人能够做到。孟子认为士人出仕就好比农民种田要带好各种农具，"出疆必带质"当然态度会十分急切。事实上，古代读书人想做官是为承担社会责任，实现自己的理想抱负，因而是积极的。但由于时代的局限性，往往读书人却难于做官，有些人便采取不正当手段去谋取官位，孟子对此予以了抨击。孟子的基本观点是：入世为官不能靠不正当手段去谋取官位，不能扭曲自己的人格；要靠自我修养德行提高改造命运的能力，而不是靠贿赂和势力来取得功名富贵，这是士人出仕的基本原则。孟子这里用男女"钻墙扒缝"偷情比喻当时有些人不由正道谋取功名富贵，是非常生动深刻而具讽刺意味的。莫说是在政治上、官场上去"钻墙扒缝"，就是社会上的男女关系用这样"不择手段的做法"，也仍然会被"父母和其他人都瞧不起"。当然，男女关系对于当今时代，可能不再苛求了，但总归不是什么光宗耀祖的事吧！所以，还是光明磊落走正道，不要做"钻墙扒缝"的那种人为好。

◇ 君子为官也要讲究学问，追求领导艺术 ◇

参考原文

子张学干禄。子曰："多闻阙疑，慎言其余，则寡尤；多见阙殆，慎行其余，则寡悔。言寡尤，行寡悔，禄在其中矣。"（《论语·为政》）

孟子曰："仕非为贫也，而有时乎为贫；娶妻非为养也，而有时乎为养。为贫者，辞尊居卑，辞富居贫。辞尊居卑，辞富居贫，恶乎宜乎？抱关击柝。孔子尝为委吏矣，曰：'会计当而已矣。'尝为乘田矣，曰：'牛羊茁壮长而已矣。'位卑而言高，罪也；立乎人之本朝，而道不行，耻也。"（《孟子·万章下》）

定公问："君使臣，臣事君，如之何？"孔子对曰："君使臣以礼，臣事君以忠。"（《论语·八佾》）

仲弓为季氏宰，问政。子曰："先有司，赦小过，举贤才。"曰："焉知贤才而举之？"曰："举尔所知。尔所不知，人其舍诸？"（《论语·子路》）

子产听郑国之政，以其乘舆济人于溱洧。孟子曰："惠而不知为政。岁十一月，徒杠成；十二月，舆梁成，民未病涉也。君子平其政，行

辟人可也，焉得人人而济之？故为政者，每人而悦之，日亦不足矣。"（《孟子·离娄下》）

题解 做官要讲究学问。文中学生子张向孔子请教怎样才能够做好官。孔子回答说："多听各种意见，对有怀疑的问题暂时搁下，对其余有把握的问题谨慎地说出自己的看法，这样就可以少犯错误；多看各种事情，对有怀疑的事情暂时搁下，对其余有把握的事情也要谨慎地去实行，这样就可以减少后悔。说话少犯错误，做事少些懊恼，为官吃俸禄就在其中了。"所以，会为官的人多半练就了一套谨言慎行的本领。无怪乎有人说，做官是一门学问，里面大有讲究，也就是如前所说君子要安于自己的所处的位子去做应该做的事。担任什么角色就做什么样的事，说什么样的话，尽什么样的责任。即使圣人如孔子，不也是管账就说管账，放羊就说放羊吗？既然如此，难道君子不应该尽心尽责做官做事吗？我们如果为官是不是要学习一下圣人经验讲究学问呢？

"君使臣以礼，臣事君以忠"，讲的既是君臣关系，也可以是上下级关系。怎样处理上级与下级、领导与被领导的关系，向来都是做官的一门学问或艺术。国君应该知道如何善待大臣，以礼来命令约束他们，不能任意妄为；大臣则应该尽忠尽责，不能对国君怀有二心。用现代的话说就是上级对属下以礼相待，下级对上级尽忠尽力，这就是一种以心换心、投桃报李的领导艺术。礼与忠，慈与孝，这些都是儒家政治中对立而又统一的范畴。"君礼臣忠，父慈子孝"，这是儒家治国齐家的方略，其结果是国泰民安，家庭美满幸福，社会和谐安定。相反就会出现君不君、臣不臣、父不父、子不子的礼崩乐坏局面了。当然在礼与忠这一对范畴中，起主导作用的显然是礼，也就是领导者一方。所以，做领导的人一定要礼待下级，以此来激发下级的忠心，使之不仅做到服从命令听指挥，而且心悦诚服地接受领导。这样上安下顺，既体现了领导艺术，也创造一种清明的政治，对于今天更有借鉴意义了。

"先有司，赦小过，举贤才"是为政者的大智慧。具体说，"先有司"就是要明确各职能部门的责任，各司其职，各得其所，达到"己不劳而事毕举"的效果，而不必领导人事必躬亲。一般人往往认为"事必躬亲"是美德，其实不然。对于做人来说，事必躬亲也许是个优点，但对于做官来说，事必躬亲却是一个致命的弱点，费力不讨好，而且容易挫伤下面人的积极性，危害无穷。古人说人与马一起走，人不如马快，可是，人坐在马车上驾马，马就跑得更快。不能任用部下，事必躬亲，就好比舍弃车驾而与马同行，不仅不如马快，而且还会压抑、挫伤"马"的积极性，使其失去作用。更为严重的后果是领导不力，导致各级职责混淆，一片混乱。所以孔子非常重视"先有司"的作用，把它作为首要的一条教给学生仲弓。"赦小过"就是宽恕小的过失，就是领导者要有宽容的心，能够宽恕他人的过错。其主要作用当然也是在于调动发挥一切积极因素。用今天的话说，就是团结一切可以团结的人，包括那些与自己意见不同和犯有错误但愿改正的人，使他们愿意跟从你，为你出力。这就是"赦小过"的道理。"举贤才"就是把有贤德的人选拔到合适的岗位上，任用贤良的人往往事半功倍，这关键在于领导人识才善举，也是为政之道。总起来说，孔子倡导的是民主、开放的用人之道。其中"先有司"的思想尤其深刻，值得做领导的人士深思。

还有就是孔子的无为而治思想。一般认为"无为而治"是道家的思想，老子"无为而治"意思是以虚无清静为基础，既反对道德修养，也反对举贤使能。而孔子所说的无为而治是遵先王（指尧舜）三代（指夏禹、商汤、周文王和武王）的法制礼治施仁，却并不是说领导者真正什么事都不做，完全不管，放任自流，而是包含了如下两层意思：一是强调领导者"为政以德"，从修养自身入手来治理国家和天下。《论语·卫灵公》记，子曰："无为而治者，其舜也与？夫何为哉？恭己正南面而已矣"。古代舜帝以德修身，对人对事谨慎恭敬，安闲从容地施行仁政，顺应自然和人性，不作强行干预，让下属或老百姓各得其所，各尽所能，相安无事，所以能无为而治。二是说，作为领导者，切忌事必躬亲，而应该举贤使能，君臣分职，也就是说让属下去做好各方面的工作。其实儒家所说的无为而治实质上是一种领导战术，从根本上说是一种积极有为的态度，是一种领导艺术，与道家主张虚无清静、顺其自然的无为而治的思想是有根本区别的，也就是战术与战略的区别。

知识小链接

周文王、周武王：周朝国君，自从后稷开国经夏商两朝，周国是诸侯国，到周文王时国力强盛。文王儿子武王灭掉商纣，建立西周王朝。他们以"仁政"治国，被儒家尊崇为"文武之道"，对二人也尊称圣王。

"治世以大德，不以小惠"，讲的是春秋时郑国的贤相子产治理政事的故事。史称子产用自己乘坐的车船去帮助老百姓过河，这事在一般人看来是属于爱人民的美德，因此传为佳话，但后世孟子从政治家的角度来评价子产，则认为这是小恩小惠的行为，治末而没有能够治本，于事无补。政治家治国平天下，当以大局为重，而不应以小恩小惠去取悦于人，更不应以此来沽名钓誉。与其这样一个一个地去帮助老百姓过河，倒不如利用手中的权力为他们把桥修好，一劳永逸地解决问题，使他们再也没有过河的烦恼。从这个角度来说，孟子的观点是很有道理的。为政者与其施小恩小惠，不如抓住根本实施仁政，这也是一种领导艺术，值得今天当政为官的人借鉴。

◇ 君子为官的必备操守和气节 ◇

参考原文

孟子曰:"古之贤王好善而忘势;古之贤士何独不然?乐其道而忘人之势。故王公不致敬尽礼,则不得亟见之。见且由不得亟,而况得而臣之乎?"

孟子曰:"有事君人者,事是君则为容悦者也;有安社稷臣者,以安社稷为悦者也;有天民者,达可行于天下而后行之者也;有大人者,正己而物正者也。"(《孟子·尽心上》)

孟子曰:"说大人则藐之,勿视其巍巍然。堂高数仞,榱题数尺,我得志,弗为也。食前方丈,侍妾数百人,我得志,弗为也。般乐饮酒,驱骋田猎,后车千乘,我得志,弗为也。在彼者,皆我所不为也;在我者,皆古之制也。吾何畏彼哉?"(《孟子·尽心下》)

景春曰:"公孙衍、张仪岂不诚大丈夫哉?一怒而诸侯惧,安居而天下熄。"

孟子曰:"是焉得为大丈夫乎?子未学礼乎?丈夫之冠也,父命之。女子之嫁也,母命之,往送之门,戒之曰:'往之女家,必敬必戒,无违夫子！'以顺为正者，妾妇之道也。居天下之广居，立天下之正位，行天下之大道。得志与民由之，不得志独行其道。富贵不能淫，贫贱不能移，威武不能屈，此之谓大丈夫。"（《孟子·滕文公下》）

题解

　　好善忘势也叫乐道忘势。孟子认为，君王"好善忘势"就应该尊重贤士，不以权势自博；士人"乐道忘势"就应该乐于大道，不为权势所屈，表现了孟子"以德抗权"的思想。因为权势对于贤王君子来说是微不足道的东西，他们所追求的是最高层次的善和道。圣明之君，对于国家的决策只注意如何有利于国家、天下、社会和人民，对自己的绝对权力，总是会忘记的。君子得到贤王的信任，贤王得到君子的辅佐，都是因为他们有共同的目标，着眼于社会大众的利益，不考虑如何增加自己的权力，这才是两者惺惺相惜的地方。这也是古代内圣外王的基础，是中国文化中个人基本修养的本分。事实上，人活着不光是为了荣誉、地位、权势，无论身份如何，身处何种环境，都须安贫乐道，以平等心对待一切，既不傲慢也不轻视。乐道忘势，对普通人来说，则是要忘记别人的权势，也是要弘扬读书人的气节和骨气。还是孟子所说的那个道理：他有他的富，我有我的仁；他有他的官位，我有我的道义，我有什么比他差的呢？（《孟子·公孙丑下》）这样一想，也就不把他的权势放在心上了。所以，真正的贤士能够笑傲王侯，我行我素。虽然这里讲的是读书人"乐道忘势"，但如果现实中王侯本身也能够好善而忘势，对贤能之士礼数有加，当成真正的朋友而平等对待，那肯定是一代明君了。总之，领导人好善忘势，尊重知识，尊重人才；一般君子乐道忘势，不逢迎拍马，屈从权贵，这是我们应该提倡的。

那么，君子为官又该如何呢？又应有怎样的品格操守呢？孟子这里所列举的，是几种不同的从政品格。"侍奉君主的人"为了使君主高兴专以阿谀逢迎为务，尽妾妇之道，是宦官宠臣之列；"安定国家的臣子"一般是忠臣，不过一朝天子一朝臣，忠也往往有愚在其中；"有天民的人"替天行道，不限于一国一君，在天下普遍实行道；"有圣德的大人"用圣德感化万物，领袖群伦，正己而天下平，是尧、舜、禹、汤、文（文王）、武（武王）等人中龙凤，百年难遇一二。从这里看，孟子显然是赞赏"天民"（普通行道的人），尤其是"大人"这样的圣贤级人物的。总之，孟子这里说到的圣君贤臣，都应该是始终感觉自己很平凡，面对势利，不感到势利；面对贫贱，不感到贫贱，凡事不离正道，不使老百姓失望。

孔子在《论语·子罕》说，"岁寒然后知松柏之后凋也"，是形容君子还应有一种松柏的气节操守。古往今来，在中国"松柏的气节操守"不知激励多少英雄豪杰、志士仁人，其影响一直到今天。所谓"疾风知劲草，国乱识忠臣"。古往今来有功于社会国家的人士，他们劳累身体，承受艰辛，勤奋思考，平常生活不荒废学业，遭遇穷困也不改变其志，在国家危难的时候，却表现出令人崇敬的浩然正气，献出自己的生命。浩然之气，是指以人性之善为基础的敢于坚持一切真理的纯而盛的道德感情、道德情操。如果文人志士有这种气节，为官的照样也有这种气质，怎么能不流芳千古呢？因此，孟子教学生要有"以德抗权"的思想，不要把"大人"（当官的大人物）看得那么高，他也是人，自己也是人，在精神上，人格上，心理上，都是处于平等地位的。所以孟子讲真正的大丈夫，是以"仁"为广居，以"礼"为正位，以"义"为正路，他们站得直，行得正，坚定不移，也有一种浩然之气。得志的时候，便与老百姓一同前进；不得志的时候，便独自坚持自己的原则，真正做到"富贵不能淫，贫贱不能移，威武不能屈"。

◇ 君子为官应能上能下知进退 ◇

参考原文

子张问曰:"令尹子文三仕为令尹,无喜色;三已之,无愠色。旧令尹之政,必以告新令尹。何如?"子曰:"忠矣!"曰:"仁矣乎?"曰:"未知,焉得仁?""崔子弑齐君,陈文子有马十乘,弃而违之,至于他邦,则曰:'犹吾大夫崔子也。'违之,之一邦,则又曰:'犹吾大夫崔子也',违之,何如?"子曰:"清矣。"曰:"仁矣乎?"曰:"未知,焉得仁?"(《论语·公冶长》)

子曰:"泰伯,其可谓至德也已矣。三以天下让,民无得而称焉。"(《论语·泰伯》)

子曰:"譬如为山,未成一篑,止,吾止也。譬如平地,虽覆一篑,进,吾往也。"(《论语·子罕》)

题解

正确对待上台与下台,是君子为官的智慧。令尹子文,是春秋时楚国的贤相,就任令尹(相当宰相),经历了三次上台又三次下台,宦海沉浮,可以看出官场的风险。可贵的是,子文几次上台并没有欣喜若狂,没有觉得自己有什么了不起,没有"春风得意马蹄疾"

的感觉；三次下台也不觉得自己有什么委屈，没有怨愤、沮丧感；他进退从容，反而始终不忘忠君之事，把旧政告知新上任的令尹，孔子称他为忠于君主、忠于职守的人。陈文子与崔杼同是齐国大夫，崔杼杀了齐庄公，陈文子看到这种礼崩乐坏以下犯上的局面，无可奈何而抛弃自己的家财，舍弃自己的家乡愤然出走，到别国去为官。后来几次到了别国，看到那里的执政者又是同齐国崔大夫一个样，相继又离开了。孔子评价他是在乱世中不随波逐流、同流合污，不与逆臣共事而清高自保的人。这里值得赞叹的是，令尹子文三次上下台宠辱不惊，陈文子不与逆臣同流合污，几次弃家财权贵不要，离开自己的家乡与他国，都是一种能进退自如、清廉自守、耿介高洁的风度。尽管孔子认为他们的"忠"和"清"只是"仁"的一个方面，但这也不是等闲之辈所能具有的风度，应该说，这是自古至今官场上的典范。

泰伯"三以天下让"，讲的是中国周朝祖先古公亶父周太王的长子泰伯，自己不做国君而三让天下。"弃天下如敝屣，薄帝王将相而不为"，能够做到这一点，足以显示出他的明智与仁德，老百姓对他是无比崇敬。在中国历史上那样大智不彰、至德不扬的人恐怕并没有几个。相反，比比皆是的倒是争权夺位，为天下大权而杀人放火、争城掠地、钩心斗角、骨肉相残之人。现代社会，不要说让出整个天下，就是让出一个单位的领导权来，也是宁死而不情愿的。权力就是有这么大的吸引力，在很多人眼里，有了权就有了一切，没有了权就没有了一切，这大概在孔子的时代就已经屡见不鲜了，不然的话他怎么会把"三以天下让"作为至高无上的品德来歌颂呢？当然，"三以天下让"也并非这么简单。传说泰伯（周太王的长子）和仲雍（周太王的二儿子）为了顺从父亲周太王打破长子继承王位的惯例，把君位通过三儿子季历再传给季历儿子姬昌（后来的周文王）。泰伯和仲雍为实现父亲的意愿，放弃了王位之争。不管怎么说，泰伯的确是一个"大德不显，至德无言"知进退的君子。不过从另一方面说，如果泰伯不出走，也可能只有两个结果，要么违抗父命，杀季历立自己为王，要么被周太王处死。所以说，还是有险才让，知进退呀！《诗》云："战战兢兢，如临深渊，如履薄冰"，所以凡事都要谨慎小心，知其进退。我们说君子为官要知进退，这是说官场险恶，有时要量力而行，规避风险，明哲保身。但从另一方面说，一个人做任何事，无论是事业还是功业前途，进退成败都取决于自己。《汉书》上说"韩信成也萧何，败也萧何"。韩信之所以最后失败，就是因为自认为为刘邦争天下战功卓著而骄傲自大、忘乎所以，没有知其进退而谨言慎行，才招来杀身之祸。因此，我们凡事不要把进退成败归之于外在因素，不要怨天尤人，而要着力于在自身找原因，要努力修身养性，把自己的命运始终掌握在自己的思想行为之中，既要考虑外部条件环境和机遇，又要努力创造条件，改变环境和抓住机遇。说到底，也就是要充分利用本身的智、仁、勇等因素。正如《国际歌》中那样唱："……从来就没有什么救世主，也不靠神仙皇帝，要创造人类的幸福，全靠我们自己。"对于我们一般人来说，依然是如此，进退成败全靠我们自己。

知识小链接

《汉书》，又称《前汉书》，是中国第一部纪传体断代史，"二十四史"之一。由中国东汉历史学家班固编撰，前后历时二十余年，于建初年中基本修成，后唐朝颜师古为之释注。《汉书》是继《史记》之后中国古代又一部重要史书，与《史记》《后汉书》《三国志》并称为"前四史"。《汉书》全书主要记述了上起西汉的汉高祖元年（公元前206年），下至新朝王莽地皇四年（公元23年）共230年的史事。《汉书》包括本纪十二篇，表八篇，志十篇，传七十篇，共一百篇，后人划分为一百二十卷，全书共八十万字。

刘邦：汉朝开国皇帝（公元前256年—公元前195年），沛丰邑中阳里人（今沛县泗水）。他年轻时不务正业，常遭其父训责，后投入魏国信陵君门下，信陵君死，又投信陵君门客张耳门下，后张耳亡散，他回家乡沛县做了沛县泗水亭长（管十里以内的小官），在当地小有名气。刘邦心高志远，有一次公差在路上看到秦始皇（秦国皇帝）大队人马出巡，威风八面，便脱口而出"大丈夫就应该像这样啊"！秦灭后楚汉相争天下，刘邦得民心而打败项羽，创立汉朝。

萧何：汉王刘邦的谋士，为"三杰"之一，有功于刘邦得天下。

韩信：汉代有勇有谋军事名将，为汉王刘邦打天下功勋卓著，因居功骄横，后被刘邦之妻吕后以谋反罪名处死。韩信为汉名将多亏萧何举荐，韩信从项羽名下半夜投刘邦名下不被重用，又有离汉另投他人念头，并有夜逃之史实，萧何骑马追回，史有"萧何月下追韩信"之说。

廉洁从政

◇ 君子为政廉洁不会殃及其身 ◇

参考原文

子张曰:"何谓五美?"子曰:"君子惠而不费,劳而不怨,欲而不贪,泰而不骄,威而不猛。"(《论语·尧曰》)

子曰:"吾未见刚者。"或对曰:"申枨。"子曰:"枨也欲,焉得刚"(《论语·公冶长》)

子谓卫公子荆,"善居室。始有,曰:'苟合矣。'少有,曰:'苟完矣。'富有,曰:'苟美矣。'"(《论语·子路》)

季康子患盗,问于孔子。孔子对曰:"苟子之不欲,虽赏之不窃。"(《论语·颜渊》)

孟子曰:"诸侯之宝三:土地、人民、政事。宝珠玉者,殃必及身。"(《孟子·尽心下》)

题解

从政廉洁,是古今中外特别注重的一个问题。《论语·尧曰》中,孔子学生子张问孔子做官的要领,孔子回答:"尊五美、屏四恶",这是儒家政治主张的基本原则。其中"五美"中的"欲而不贪"就是廉洁从政的问题。人生要有追求，到了七十岁，在不违背"仁"的前提下可以"从心所欲"，但是，一个人不能有贪欲，尤其是为官者不能有贪欲。孔子在谈到为人要正直刚毅时说，我没见到刚毅不屈的人。有人回答："申枨是这样的人。"孔子说："申枨贪欲，怎么可能刚毅呢？"无欲则刚。无欲不是说一点欲望都没有，而是说不能有过分的贪欲。孔子了解学生申枨欲望过多，不能做到"软硬不吃"自律不贪婪，所以不是正直君子。孟子在《孟子·尽心下》也说："修养心性的最好办法没有比减少欲望更好了。一个人如果平素欲望很少，尽管也有失去本性，那也是很少的；一个人如果平素欲望很多，尽管也有保留他的本性，那也是很少的了。"那失去或保留的本性是什么？就是"人之初，性本善"的"善"，即天生的善性。外物改变人的本性，感官之欲减损人的善心，所以，欲望太多的人，往往利令智昏，做了欲望的奴隶，容易坠入万劫不复的深渊。因此，为人，尤其是为官，修养心性的最好办法就是减少欲望，寡欲清心。虽然孟子在"寡欲"的问题上只是讲要节制欲望，而不是说要"禁欲"，但他认为"养心莫善于寡欲"的见解的确是具有现实意义的。

从现代伦理上讲，"欲"是指人正常的物质需求和精神需求，"贪"是指违背道德原则的物质需求和精神需求，因此，"欲而不贪"是君子的表现。然而，现今社会一些人认为"没有金钱是万万不能的"，贪污腐败成为社会的一大公害，其根源和背景固然是复杂的，但从贪污腐败者个体的情况来看，则无一不是由于贪欲以致欲壑难填而造成的，所以"欲而不贪"应该是君子的表现，是为官的守则。反腐倡廉就是为了节制贪欲，当然不是禁欲，不能走向另一个极端。我们要把贫富等闲看待，清心寡欲，减少对外物的追求，就是说要把"贪念"去掉，人家说肉好吃，自己根本不想吃了，人家穿好衣服，自己不想了，只要不受冻能蔽体就行了。一切都看开了，心静如水的境界妙不可言。说到底，钱财只是身外事，我们为何不超脱一些呢？

我们要有"知足常乐"的思想。孔子评论公子荆是一个仁德上不知足、生活上很容易满足的人。公子荆是春秋时期卫国的一个大夫，位高权重，但他善于居家理财，循序有节，不求华美，容易知足。刚有一点财产，就说"差不多够了"，稍稍增加一点，就声称"差不多完美了"。公子荆居家不求华美，不追求物质享受，其心恬淡安然，无忧无虑，犹如浊世中的一股清流。我们通常说的知足常乐是一个人知道满足，心里面就时常感到快乐，这样有利于身心健康。相反，贪得无厌，不知满足，就会时时感到焦虑不安，惶惶不可终日。所以，"知足"不是没有追求，"知足常乐"更不是平庸的表现，相反，倒是难得修炼成的德性，尤其是在我们这个物欲诱惑滚滚而来、挡也挡不住的时代，更需要修成"知足常乐"的美德。

贪欲起盗心，是孔子谈论从政为官贪欲过大，必然引起百姓贪欲偷盗的道理。向善好德是人的本性，百姓之所以去偷盗，就是因为统治者贪求太多，盘剥民财、民力，导致民不聊生，以致"饥寒至、不知廉耻"，所以百姓为盗大多是统治者造成的。这里孔子对季康子（春秋时鲁国权臣）讲，国家的领导人如果清廉而不贪图财物，老百姓也就会效法而不贪图财物，这样也就没有什么盗贼了。相反，如果作为国家领导人都贪图财物，那下面的各级官吏乃至普通老百姓就都会贪图财物。这样，上行下效，当然会盗贼蜂起了，这就是贪欲起盗心的道理。所以，领导人一定要勤政廉洁，为老百姓做好正直坦荡、知足常乐的表率。

值得注意的是孟子这里提了一个"宝珠玉者，殃必及身"警醒。诸侯不应以珍珠美玉为宝，而应以土地、人民、政事为宝。古人说，一般人玩物丧志，当政者玩物丧政，诸侯玩物丧国，天子玩物便丧失天下了。因为沉溺于所喜好的事物之中，乃至于不能自拔，就会丧失自己原有的志向。有史记载一个"假途灭虢"的故事，春秋时期，诸侯国晋国想吞并南边的虢国，但是在晋国和虢国之间还隔着一个虞国，所以一直未能得手。晋献公当政的时候，大夫荀息向他献计，请求用晋国最好的马和美玉送给虞国的国君，以便向他借路去讨伐虢国。献公有些舍不得，荀息说："只要向虞国借到路，这些宝物放在他那里就像放在我们国家的库房里一样，今后不就是大王您的？"献公同意了。于是，荀息便带了宝物到虞国去借路，贪图宝物的虞公一见荀息送去的东西，满心欢喜，接了贵重礼物，爱不释手，不仅一口答应了荀息的要求，而且还主动提出自己先起兵作为先锋讨伐虢国。虞国大臣宫之奇以"唇亡齿寒"的道理苦苦劝谏，虞公唯晋国的宝马和美玉是图，根本听不进去。结果，晋国灭了虢国，军队在返回的路上又顺道突然袭击，轻而易举地拿下了虞国，活捉了虞公回国。原来送给虞公的宝马和美玉自然也顺理成章地回到了晋国。这就是"宝珠玉者，殃必及身"的活生生写照。历史的教训值得注意，当然不仅仅是诸侯国君值得注意，就是一般的当政为官者，贪财宝、好女色也是大忌，弄不好就要若出祸患来。因此，为官必须懂得"财聚人散，财疏人聚"的道理。我们今天提倡廉政、反腐败，看看那反腐败的成果展览，腐败者无一不是"宝珠玉者，殃必及身"，落得个身败名裂，遗恨终生。所以，为官还是清廉好啊！

◇ 为官不言小利，得失在道，受辞于义 ◇

参考原文

孟子见梁惠王。王曰："叟！不远千里而来，亦将有以利吾国乎？"

孟子对曰："王，何必曰利？亦有仁义而已矣。王曰：'何以利吾国？'大夫曰：'何以利吾家？'士庶人曰：'何以利吾身？'上下交征利，而国危矣！万乘之国，弑其君者，必千乘之家；千乘之国，弑其君者，必百乘之家。万取千焉，千取百焉，不为不多矣。苟为后义而先利，不夺不餍。未有仁而遗其亲者也，未有义而后其君者也。王亦曰仁义而已矣，何必曰利？"《孟子·梁惠王上》

陈臻问曰："前日于齐，王馈兼金一百而不受；于宋，馈七十镒而受；于薛，馈五十镒而受。前日之不受是，则今日之受非也；今日之受是，则前日之不受非也。夫子必居一于此矣。"孟子曰："皆是也。当在宋也，予将有远行，行者必以赆；辞曰'馈赆'，予何为不受？当在薛也，予有戒心，辞曰'闻戒，故为兵馈之'。予何为不受？若于齐，则未有处也。无处而馈之，是货之也。焉有君子而可以货取乎？"（《孟子·公孙丑下》）

孟子曰:"鱼,我所欲也,熊掌,亦我所欲也;二者不可得兼,舍鱼而取熊掌者也。生,亦我所欲也;义,亦我所欲也,二者不可得兼,舍生而取义者也。生亦我所欲,所欲有甚于生者,故不为苟得也;死亦我所恶,所恶有甚于死者,故患有所不辟也。如使人之所欲莫甚于生,则凡可以得生者,何不用也?使人之所恶莫甚于死者,则凡可以辟患者,何不为也?由是则生而有不用也,由是则可以辟患而有不为也。是故所欲有甚于生者,所恶有甚于死者。非独贤者有是心也,人皆有之,贤者能勿丧耳。一箪食,一豆羹,得之则生,弗得则死,呼尔而与之,行道之人弗受;蹴尔而与之,乞人不屑也。万钟则不辨礼义而受之。万钟于我何加焉?为宫室之美、妻妾之奉,所识穷乏者得我与?乡为身死而不受,今为宫室之美为之;乡为身死而不受,今为妻妾之奉为之;乡为身死而不受,今为所识穷乏者得我而为之,是亦不可以已乎?此之谓失其本心。"(《孟子·告子上》)

题解　　战国时代是七雄争霸、新兴地主阶级崛起、社会矛盾更趋激烈的时期。当时的孟子极力宣扬"保民而王""仁义为本"的思想主张。有一次孟子去拜见梁惠王劝说他实施仁政,但梁惠王劈头就问,能给我们国家带来什么利?孟子回答:"以义治国,何必言利。"其实这里所说的义,就是仁义,是指公平、正义以及人与人之间相互的爱。孟子认为,如果不按照礼的秩序,不用公平、正义的方式去一味追求利,那结果只能是诸侯想着如何去取代天子,大夫想着如何去杀害诸侯,士人想着如何篡夺大夫,只能使社会陷于更大的混乱之中。所以,片面地强调利,人人都站在自己的立场上考虑问题,上下争相求利,那国家就很危险了,只有提倡仁义,才会有天下人的共同利益。孟子之所以说得这么坚决,是因为当时的人都站在自己的立场考虑问题,上下争利、唯利是图,不知世上有"仁义"二字。我们认为,在一个无序、混乱的社会中,作为君王首先不应该去想如何追求利,而应该去想如何建立起公平、正义的秩序以及人与人之间的良善关系。当然,现实中的确也不可能只说仁义而不说利,应该是既说利也说义。但有一点不能忘记:只有讲道德原则的重义才能换来大利,用孔子的话说,叫作"见得思义"。

知识小链接

梁惠王:战国时期魏国惠王,惠是其谥号,后迁都大梁故称梁惠王。

孟子的学生陈臻问孟子，齐王送金一百不接受，而后宋王送金七十，又接受了，薛君（齐国靖郭君田婴的封地）送金五十也接受了，这是为何？孟子认为是当受则受，当辞则辞。陈臻则认为，两种做法总有一种是对是错，二者必居其一。陈臻的推论看起来似乎也有道理，实际上这是局限于形式逻辑而下的结论。是就是，不是就不是，缺乏辩证逻辑的灵活性，不能解决特殊性的问题。孟子的回答则是跳出了"两难推论"的樊篱，具体问题具体分析，不同情况不同对待，辩证解决。也就是说要把握"焉有君子而可以货取乎"的基本原则，"君子是不可以用钱来收买的"，不拿不明白的钱，当受则受，当辞则辞。要根据具体情况做出取舍，既坚持原则又要灵活变动。不仅处理经济问题如此，就是个人的立身处世、从政治国也是如此。

孟子又有"舍生取义，鱼与熊掌不可兼取"的论断，这一论断表述了孟子强调道德信念高于自然生命，谴责当时那些不顾礼义廉耻而谋取富贵的可耻行径。孟子用反诘的手法说明义与生命都是人所欲的，如果人们都认为凡是能促使生命的手段都可以使用，所有能避免灾祸的事情都能做，这样大家的行为就会变成无所不为，乃至卑鄙无耻了。孟子从客观事实上论证人有比生命更珍贵的价值追求，当个体生命与道德原则发生冲突而不能两全时就应该舍弃生命而取仁义，维护理想中的道德原则，只有这样才能凸显人的高贵与尊严。否则，人就会为贪生避祸而无所不为，这与禽兽有什么区别呢？但是现实生活中，往往有人在贫困时可以拒绝别人侮辱性的施舍，而在安宁的环境中却总是见利忘义。这种人原来也有舍生取义之心，后来由于贪图利禄而忘却了"义"。孟子警告这些人"不辨礼义而受之"的可耻行为应该罢休了。孟子对"舍生取义"的追求和对"不辨礼义而受之"的批判，确立了中国古代文人的人生价值观和行为准则，以至于为道德理想而献身，对中国封建社会产生了深远的影响。在中国历史上许多志士仁人，都是把"富贵不能淫、威武不能屈"奉为最高道德规范。孟子"鱼与熊掌"的典故其实并不只是形式上的两难选择，而是具有高深层次意义的，影响是极其深刻的。《礼记·檀弓下》记载了一个"不吃嗟来之食"的典故：齐国遭到饥荒，官吏黔敖（有史记载是当地富豪）准备了食物在路边赈济饥民。一个人饥饿不堪地走过来，黔敖连忙左手端饭，右手端汤冲那人喊道："嗟！来食！"那人瞪着眼睛对黔敖说："我正因为不吃嗟来之食才饿成这个样子！"尽管黔敖再三向他道歉，那人仍然坚持不吃，直到饿死。古人的穷棒子精神如此！这算不算是"舍生而取义"呢？值得深思。现在我们所处的时代，似乎已没有生与义不可得兼得情形出现，但按照孟子的说法，人原有仁义的本心就是善心、良心，而有些人却常常因贪欲而失去了本心，所以面对滚滚而来的经济洪流，义与利仍然是摆在我们面前的两难选择，我们必须想一想就连乞丐都知道"仁义之心"是不可丧失的，难道真正的君子还不能"舍利而取义"吗？

孟子说："可以取，可以无取，取伤廉；可以予，可以无予，予伤惠；可以死，可以无死，死伤勇。"（《孟子·离娄下》）这与"鱼与熊掌"二者必居其一的选择不同。孟子在这里呈现给我们的，是一种两可之间的选择，需要用辩证思想转化为"智"，才能分辨清楚。比如说，杀人越货还是遵纪守法？这对绝大多数人来说不是难题。可是，吃回扣还是不吃？收红包还是不收？这对很多人来说，却是相当考人的难题了。就孟子所举的情况来看，"取伤廉"是可拿可不拿比较好理解，可"与伤惠"和"死伤勇"却有些令人费解。如果仔细揣摩，所谓"与伤惠"大概是说，在可以给予，也可以不给予的情况下，还是不给予的好。因为"济人需济急时无"，也就是孔子所说的"君子周急不济富"的意思。不然的话，给予了反而有滥施恩惠的嫌疑，会损伤真正的恩惠。至于"死伤勇"，则是指我们在面临生死选择的时候，有时候活下来比死去需要有更大的勇气和更强的战胜困难和耻辱的毅力。在这种情况下，如果选择了死，很可能就会给人以轻生的感觉，众人也瞧不起，当然就是损伤勇气了。实际上这种选择告诉我们凡事有个度，超过了这个度，事物就会走向反面，有过犹不及的意思。同时包含着君子要有"仁"与"智"的品质辨别是非，以仁义为准则来把握一切是非标准。

◇ 从心所欲而不违仁，也是值得肯定的人生境界 ◇

参考原文

子曰："吾十有五而志于学，三十而立，四十而不惑，五十而知天命，六十而耳顺，七十而从心所欲，不逾矩。"（《论语·为政》）

子在齐闻《韶》，三月不知肉味。曰："不图为乐之至于斯也。"（《论语·述而》）

子谓《韶》："尽美矣，又尽善也。"谓《武》："尽美矣，未尽善也。"

子曰："人而不仁，如礼何？人而不仁，如乐何？"（《论语·八佾》）

题解

为政要清廉，清廉的核心内容是：不能有贪欲。当然，人生也要有追求，尤其是君子为官更要追求仁的最高境界。"仁"的定义既包括对他人的体谅与尊重，也包括对自己的体谅与尊重。"欲"是指人正常的物质需求和精神需求。不违背仁的标准又能从心所欲，既充分尊重了自我的生命需求，又尊重了他人的生命需求，符合"仁"的定义，是值得肯定的人生境界。孔子说过："七十从心所欲不逾矩"，这里的"从心所欲"应该就是以"仁"为标准的。另外，欲而不贪是君子的具体表现。据史记载：孔子的门生中，子贡最为富有，他在曹国、鲁国一带做生意，经常是"结马四连骑"，与王公大人来往，所到之处无不与国君分庭抗礼。孔子的另一弟子原宪居住鲁国，茅檐土墙，上漏下湿，困苦不堪。子贡坐着大马车去见他，说："先生你有什么毛病吗？"原宪说："我听说没有钱叫贫穷，学习不实践叫有病，现在我是贫穷，不是有病。"子贡听了知道是讥讽自己，很是羞愧。原宪趁势又将子贡学道的谋利、满世界交游的行为嘲讽了一番。但我们现在看来这不是孔子应有的原意。因为子贡从学于孔子的时候，家境就已经很好，而子贡有时有意向孔子问一些关于富贵与贫贱和道义关系的问题，孔子也表示并不反对富贵。孔子说，富贵能做到富而不盛气凌人，这是很不错的；但如果富贵还能好礼，那就更好；如果富贵能博施济众，那简直就跟圣人差不多了，这已充分体现仁者"己欲达而达人"的精神。子贡用正当合理的方式获取财富，孔子当然不反对，而是积极引导他提高仁德修养，富而好礼，这就体现了"欲而不贪"的精神。

回到"七十从心所欲不逾矩"上来，其实这是孔子对自己人生的回味。子曰："吾十有五而志于学，三十而立，四十而不惑，五十而知天命，六十而耳顺，七十从心所欲不逾矩。"对这段话的评论和解释历来众说纷纭，莫衷一是。我们理解孔子这段话的本意是：孔子是十五岁自觉"志于学"，确立人生的方向和目标；三十岁学业德业有成，确立追求理想人格的奋斗目标，依礼据仁立身于世；四十岁能明辨是非，确定了正确方向，思想与人格走向了成熟；

五十岁知天命，了解领悟了人的生存发展规律，充分自觉地躬行人生的道义与职责；六十岁对一切是非之言听得顺耳，感到不吃惊，达到了顺天命的境界；七十岁达到人的自觉主观意识与客观做人规则规律融合为一，而从容淡定的境界。这里从字面上看圣人似乎是说人到七十已达到一种自由的境界，但有人认为，这种"自由"，这种"从心所欲不逾矩"是以欲望的消退为代价而换来的。也就是说，古代人活到七十岁是很少见的，还要有什么想法呢？即使随心所欲，也不会有什么非分之想，更不要说有什么超越法律、法度的越轨行为了。圣人回顾自己的生命历程，饱含人生的品味和喟叹，言有尽而意无穷，令千古读者读之，莫不感慨万千。孔子把人生快乐作为自己的追求，他对音乐具有极高的鉴赏能力。"三月不知肉味"是说孔子在齐国听到了《韶》乐，那优美的歌声令他动心而着迷，他心中想到的都是乐声的优美，连吃肉都不觉得美味了，那种如痴如醉的程度，是常人不及的。但他为什么会认为《武》乐内容"未尽善"呢？这是因为舜的天子之位是禅让而得的，所以他认为那个时代的代表性乐曲《韶》乐是"尽善""尽美"的，而周武王的天子之位是由讨伐商纣得来的，尽管也是正义的，但《武》乐还是"未尽善"的。这里也有个以"仁德"为标准问题，因为《韶》乐能体味到圣贤高尚的品德。君子贵德，小人好味，作为一个立志于仁的君子，当然是有向仁之心，能够同德而趋，乐处其中。回顾中国历史上真正的明君，为了替百姓谋福祉，一定会从音乐中体会民情，虚心调整政事。可见，音乐具有穿越时空的感召力，直接作用于人的心灵、心性的修养，也影响着国家政治标准的体现。尤其是这种"尽善尽美"的标准，在生活与事业中是一种完美的追求，表现出来的是严肃认真而执着的生活与工作态度，是值得肯定的。所以孔子说"人而不仁，如礼何？人而不仁，如乐何？"就是说，礼与乐都是表现制度的文明，而仁德是人们内心的道德规范，是礼乐的前提，人文的基础，行礼使乐的核心就是"仁"。一个人如果失去了仁德，去掉了内心最本质的内容，则无谦让敬人、和谐无夺之美德。那么礼仪再规范，音乐再雅正，像季氏那样，僭越天子之礼，滥用天子之乐，那追求礼乐又有什么实质意义呢？文化也好，艺术也好，都是传播仁德，都是为政治服务的，离开仁德无从谈起。同样，人生追求也不能脱离仁德，而"从心所欲"。

选贤任能

◇ 君子为官选贤任能必须把握的原则 ◇

参考原文　　或曰:"雍也仁而不佞。"子曰:"焉用佞?御人以口给,屡憎于人。不知其仁,焉用佞?"(《论语·公冶长》)

子曰:"如有周公之才之美,使骄且吝,其余不足观也已。"(《论语·泰伯》)

周公谓鲁公曰:"君子不施其亲,不使大臣怨乎不以,故旧无大故,则不弃也,无求备于一人。"(《论语·微子》)

子谓仲弓,曰:"犁牛之子骍且角,虽欲勿用,山川其舍诸?"(《论语·雍也》)

舜有臣五人而天下治。武王曰:"予有乱臣十人。"孔子曰:"才难,不其然乎?唐虞之际,于斯为盛。有妇人焉,九人而已。三分天下有其二,以服事殷。周之德,其可谓至德也已矣。"(《论语·泰伯》)

题解

选贤任能，自古以来就是执政者选人用人的一项重要工作，也是一大难题。到底怎么选，怎么任？

古人的基本原则之一：德先才后，德比才重。《论语·宪问》记载，子曰："骥不称其力，称其德也。"孔子说，对于一匹好马来说，应该赞赏的不是它日行千里奔驰旷野的力量，而是他服从调教、驰骋纵跃有度的品质。孔子用千里马来做比喻，高德不高力，重视品质超过重视才能，这是儒家的人才思想。现实中，我们的确可以看到这样的现象，一个人如果品质不好，能力差一点，危害还不会太大。恰恰是一个能力非常强，智商非常高的人，如果品质败坏，野心很大，任用他所造成的危害就会非常大，有时候甚至会达到致命的程度，断送一个单位、一家公司，甚而至于一个国家。反过来说，一个人品质很好，能力虽然差一点，但他只要虚心好学，提高修养，也许会逐渐有所进步，把事情做到完美。所以，人才的品质比能力更重要。冉雍是孔子的学生，他性格仁笃厚道，不善言辞。有人认为冉雍这个人有仁德但缺乏口才，孔子则认为，何必要能言善辩呢？为人之道在于有仁德，根本不需要靠伶牙俐齿、空谈善说来增进一个人的德行。才能资质属于"才"的方面，骄傲冲动阴恶属于"德"的方面。才高八斗而德行不好，圣人连看都不看他一眼，只有德才兼备才是完美的人才。如果二者不可得兼，德是熊掌，才是鱼；孟子舍鱼而取熊掌，孔子舍才而取德，这就是孔子选人用人原则。

基本原则之二：选人用人不能求全责备。这里周公旦对儿子叮咛说："无大故则不弃也，无求备于一人也。"周公旦是周文王的儿子，周武王的弟弟，西周初年被封于鲁地，由于他要留在朝廷辅佐周文王，不能亲自到封地去治理，所以命令儿子伯禽代替他去鲁地就封任职，并训诫说，第一，要任人唯贤。君不疏远他的亲族，但不能只给亲近的人好处；第二，要取得大臣的信任，不使大臣抱怨不获任用；第三，对于故交老友，只要没有重大罪过不要遗弃他们；第四，用人才取其专长即可，不要求全责备，要推己及人爱护他们。孔子常用这段话来教导学生，古代贤君为政"不避亲疏，不求全责备"的经验之谈，深深地灌输在孔门师生的头脑中，并加以应用。这是古时一个用人的问题，尤其是高级领导人的用人问题，对于我们今天一般领导干部来说，也仍然有借鉴参考的价值。

基本原则之三：知人善任，任有所长。每个人的人品不一，各有所长，就连孔子的学生也不例外，道德修养好、孝行卓著的有颜渊、闵子骞、冉伯牛和仲弓；利口善辩、会说话的有宰我、子贡；宜于从政、能力超群的有冉有、子路；熟悉研究古代文献的有子游、子夏。这十个人即孔门弟子中著名的"四科十哲"，是《论语》中经常见到的人物。就像我们今天的同班同学，各有特点，各有爱好，毕业后有的教书，有的从政，有的经商，有的搞科研，有的做文人，进入社会这个茫茫大海后,"八仙过海,各显神通"。所以,无论做教师的也好,做领导的也好,都要善于发现每个学生、每个下属的特点和所长,加以培养和任用,扬长避短,知人善任。只有这样,才能最大限度地发挥每个人的潜能和积极性,做到人尽其才,才尽其用。或许孔子正是因为做到了这一点,所以才培养出三千弟子、七十二贤人的吧!

基本原则之四:唯才是举,不搞血统成分论。据《史记·仲尼弟子列传》记载:孔子学生冉雍的父亲不仅地位低贱,而且品德也不好,而冉雍本人却是被孔子视为"可使南面"即具有治国安邦之才、宜于做官的人。孔子认为冉雍虽然出身低贱,但只要他有君子的道德和出色的才干,为什么不可以做官呢?推而广之,出生不由己,关键重在自身的才能和德行,所以不能"唯成分论",按家庭出身选拔人才。一言以蔽之,英雄不问出处,不能搞"血统论"而应该从他的才能和德行看人。另外,"天生我材必有用",孔子比喻"犁牛之子",虽然你不愿意用它来祭祀,山川之神也不会同意的,那不就会人神共怒了吗?同样的道理,像冉雍那样"可使南面"的人才,不用行吗?是真金子就会发光,是真英雄就总会有用武之地,要想埋没也是埋没不了的。所以,任何人都不要自卑自己出身不好,不要担心世无伯乐,只要有德行,有真学问、真本事、真才能,就总有大展宏图的一天,谁想压制你,埋没你,就连天地鬼神都不会答应的。

基本原则之五:人才难得也不在多。也就是我们平常说的宁缺毋滥的意思。人才难得，可是治国安邦关键又在于多得人才，有了人才国家就可以得到治理，天下才可以太平。所谓用人在贤，得人在德，人才是一个国家兴旺发达的根本，只有任人唯贤，以德选人，才能最终取得天下。中国历史上就有周文王得姜子牙而兴，刘邦得韩信而强，刘备得诸葛亮而盛。当然，真正的人才不在于多，就以传说中的舜帝来说，以仁德治国，是一个仁者，才得五个贤臣辅佐；周武王以才治国是一个智者，用贤也才十个，其中还包括他的贤内助，不能算严格意义上的"臣"。就是后世的汉高祖刘邦，不也就张良（刘邦谋士）、萧何、韩信三杰吗？而且，"舶公多了打翻船"，能干的人太多聚在一起，反而会出问题，所以在三国时水镜先生对刘备说："卧龙（诸葛亮）、凤雏（庞统），得一而安天下。"想不到刘备竟一下得了两个，结果反倒难安天下了。它所反映的正是人才是否越多越好的问题。现在人们往往以"人才济济"来形容一个单位、一家公司的实力雄厚、兴旺发达，不过，这里说的"人才"是指具有各种专长的人才。就一个单位、一家公司而言，到底领导人多还是领导人少更好？这是事关体制问题不便深说，但有一点可以肯定，兵不在多而在精，将不在多而在能。一方面，精兵能将难得，另一方面，也不能多得啊！关键要选到真正的贤才。如果选出贤才而没有加以任用，这是有举贤的虚名，而没有用贤的实质，也是不行的，关键是要选贤才又要用好真正的贤才。

知识小链接

刘备（161年—223年），字玄德，东汉末年幽州涿郡涿县（今河北省涿州市）人，西汉中山靖王刘胜的后代，三国时期蜀汉开国皇帝、政治家，史家称他为蜀汉先主。刘备少年时拜卢植为师，早年颠沛流离，投靠过多个诸侯，曾参与镇压汉末黄巾起义，先后率军救援北海相孔融、徐州牧陶谦等。陶谦病亡后，将徐州让与刘备。赤壁之战时，刘备与孙权联盟击败曹操，趁势夺取荆州、益州。221年，刘备在成都称帝，国号汉，史称蜀或蜀汉。

诸葛亮（181年—234年），字孔明，号卧龙（也称伏龙），徐州琅琊阳都（今山东临沂市沂南县）人，三国时期蜀汉丞相，杰出的政治家、军事家、散文家、书法家、发明家。其散文代表作有《出师表》《诫子书》等，曾发明木牛流马、孔明灯等，并改造连弩，可一弩十矢俱发，于建兴十二年（234年）在五丈原（今宝鸡岐山境内）逝世。蜀汉后主刘禅追谥其为忠武侯，故后世常以武侯尊称诸葛亮。诸葛亮一生"鞠躬尽瘁、死而后已"，是中国传统文化中忠臣与智者的代表人物。

庞统（179年—214年），字士元，号凤雏，荆州襄阳（今湖北襄阳）人，东汉末年刘备帐下重要谋士，与诸葛亮同拜为军师中郎将。其与刘备一同入川，于刘备与刘璋决裂之际，献上上中下三条计策，刘备用其中计。进围雒县时，庞统率众攻城，不幸中流矢而亡，年仅三十六岁，追赐统为关内侯，谥曰靖侯。后来庞统所葬之处遂名为"落凤坡"。

◇ 君子为官选人用人有技巧 ◇

参考原文

子曰:"君子不以言举人,不以人废言。"(《论语·卫灵公》)

子言卫灵公之无道也。康子曰:"夫如是,奚而不丧?"孔子曰:"仲叔圉治宾客,祝鮀治宗庙,王孙贾治军旅。夫如是,奚其丧?"(《论语·宪问》)

孟子将朝王,王使人来曰:"寡人如就见者也,有寒疾,不可以风。朝将视朝,不识可使寡人得见乎?"

对曰:"不幸而有疾,不能造朝。"

明日,出吊于东郭氏。公孙丑曰:"昔者辞以病,今日吊,或者不可乎?"

曰:"昔者疾,今日愈,如之何不吊?"

王使人问疾,医来。孟仲子对曰:"昔者有王命,有采薪之忧,不能造朝。今病小愈,趋造于朝,我不识能至否乎。"使数人要于路,曰:"请必无归而造于朝!"

不得已而之景丑氏宿焉。景子曰:"内则父子,外则君臣,人之大伦也。父子主恩,君臣主敬。

丑见王之敬子也,未见所以敬王也。"

曰:"恶!是何言也!齐人无以仁义与王言者,岂以仁义为不美也?其心曰:'是何足与言仁义也'云尔,则不敬莫大乎是。我非尧舜之道,不敢以陈于王前,故齐人莫如我敬王也。"

景子曰:"否,非此之谓也。《礼》曰:'父召,无诺。''君命召,不俟驾。'固将朝也,闻王命而遂不果,宜与夫礼若不相似然。"

曰:"岂谓是与?曾子曰:'晋楚之富,不可及也。彼以其富,我以吾仁;彼以其爵,我以吾义。吾何慊乎哉!'夫岂不义而曾子言之?是或一道也。天下有达尊三:爵一,齿一,德一。朝廷莫如爵,乡党莫如齿,辅世长民莫如德。恶得有其一以慢其二哉!

"故将大有为之君,必有所不召之臣;欲有谋焉,则就之。其尊德乐道,不如是不足与有为也。故汤之于伊尹,学焉而后臣之,故不劳而王。桓公之于管仲,学焉而后臣之,故不劳而霸。今天下地丑德齐,莫能相尚,无他,好臣其所教,而不好臣其所受教。汤之于伊尹,桓公之于管仲,则不敢召。管仲且犹不可召,而况不为管仲者乎?"(《孟子·公孙丑下》)

题解   为官选贤任能关系到后继有人，关系到国家的前途与命运。自古以来培养接班人都被当作头等大事来抓，但选贤任能又不是一件很容易的事。因此，为官选贤任能要掌握一些技巧，古人的经验是："不以言举人，不因人废言。"孔子认为，在选拔人才时，要考察他的品德和实际才能，不能仅凭他的言谈就举拔他，也不能因他的地位低下、人品有缺点而排斥他的意见。有人话说得好不一定品德高尚，有人品德高尚不一定有口才，所以要听其言而观其行，不能够只听他说得好便以为一切都好，轻易地去推举他，说得不好就排斥他，一棒子打死。如果根据一个人的言论来判断人品，人们就会用技巧来修饰言语；如果是依行为来判断人品，人们就会尽力充实内在的德行。另一方面，一个人虽然有这样那样的不好，但只要他有善言、建言，而且说的有道理，就应当采纳接受，而不应该以"狗嘴里吐不出象牙"来断然否定。毛泽东在《为人民服务》这篇文章里说得好："不管是什么人，谁向我们指出都行。只要你说得对，我们就改正。你说的办法对人民有好处，我们就照你的办。"孔子对选贤任能的观点是要实事求是，严把是非标准。孔子说："一乡的人都喜欢他，怎么样？"用孔子、孟子的话来说，不一定是好人，也不一定是坏人。只有当好人喜欢他、坏人厌恶他时，我们才可以肯定他是一个好人。所以，好恶不等于是非，群众意见也不是绝对正确。对舆论必须分析考察，坚持是非标准，而不可简单盲目地从众。

用人的艺术在于用人之妙。知人善任，选好用好人才，用人得当是治国的关键。俗话说，"用人得当赛过千军万马，用人不当，赔得精光"。儒家的经验是：贤明的君主任人选人时，谄媚阿谀的人不放在身边，结党营私的人不得治理政事；用人要发挥他的优点，不强求他的不足；任用他的专长，不强求他的短处。这是任用人的大智谋，也就是用人的基本原则。中国古代有用人之妙之说，春秋时期卫国君主卫灵公虽然昏乱无道，不是个好国君，但他的人才选拔得很好，用了一批得力的大臣，能各司其职，各尽所能，内政、外交、军事都有人抓起来，所以不仅没有败亡，反而当了42年的国君，比许多勤政廉洁的国君当政的时间都长，这就是用人之妙的艺术了。还有就是中国汉代名将韩信早年战时去问刘邦能带多少兵时，刘邦回答说，"我不会带兵，但我善于带将"，所以才得天下。事实上，会当领导的人只需要抓住几个得力的助手就会取得事半功倍的效果。做国君如此，做一个单位的领导、一家公司的老板也都是如此，范围有所不同，道理却是一样的，这也是知人善任，与事必躬亲相对的领导技巧。正因为官无须事必躬亲，所以卫灵公才昏乱而不亡国，这也是用人之妙的功效。

"贤才可拜不可召"，是说孟子准备去见齐王，因齐王礼貌不周，孟子装病拒绝入朝。这在常人看来，是清高自傲目无君长，但另一方面也可见孟子的"狂傲"是对君臣关系的理解、对人格的维护，不愿意被呼来唤去。孟子认为，自己主动要去朝见是一回事，被召唤去朝见又是另一回事，所以他的行为不能被景丑（齐国大夫）等人所理解。不过按照孟子"天下有达尊三"的观点，我们就不难理解孟子了。孟子认为，天下人的价值标准有"爵""齿""德"三种，在政权系统里以权力的大小和爵位的高低为标准；在社会生活和家庭生活中，以年龄的大小和辈分的高低为标准；在治国治民上，则以德行的高下为标准。他认为德行高于权势。有德君子在人格上与君主是平等的，君主不能因其"爵"的权势，而怠慢"德"和"齿"，也就是说君主对德行高、年龄辈分大的士人不能怠慢，应该尊重；而士人对君主的尊重主要表现在趋奉应命上，在敢于直言进谏和陈说仁义上，所以在用人的问题上，人格应该是平等的。事实上凡是自视清高的人都很注意自己的立身"出处"。孟子要求君王要"尊贤使能""尊德乐道""礼贤下士"，主动放下自己尊贵的架子而启用贤才，甚至拜贤才为老师，就像商汤王对待伊尹、齐桓公对待管仲那样，其实这也是儒学在用人问题上的基本观点。虽然孔、孟本人一生宣扬这种观点而自身并没有享受到过这种待遇，但他们的思想却对后世的用人之道产生了极其深远的影响。《三国》时刘备"三顾茅庐"请诸葛亮的故事，就是这种影响最为典型的例证。但是，现实中有这种典型的例证并不意味着后世都在实施着孔、孟的观点，恰恰相反，人们越是津津乐道于"三顾茅庐"的故事，就越是说明现实中存在掌政者缺乏这种"礼贤下士""求贤若渴"的作风。从这个意义上说，尽管孔、孟的思想似乎有些理想主义，但他们所提出的一些思想观点，就是在两千多年后的今天，也仍然有很多可取之处。或许正因为如此，才使他们的理论历久而弥新，给人以启迪而不过时。

知识小链接

"三顾茅庐"又名"三顾草庐"，典出《三国志·蜀志·诸葛亮传·出师表》，原为汉末刘备去隆中拜访聘请诸葛亮的故事，比喻真心诚意，一再邀请。

东汉末年，公元207年冬至公元208年春，当时屯兵新野（今河南新野）的刘备带着大将关羽、张飞，三次到南阳郡邓县隆中（今襄阳隆中）诸葛草庐请诸葛亮出山辅佐，他们的谈话内容主要是《隆中对》（三分天下的战略决策），此后传为佳话，渐成典故，载《三国志》史册。现在常用三顾茅庐来比喻真心诚意，一再邀请、拜访有专长的贤人。

◇ 选贤任能应选用什么样的人 ◇

参考原文

子曰:"刚、毅、木、讷,近仁。"(《论语·子路》)

子游为武城宰。子曰:"女得人焉尔乎?"曰:"有澹台灭明者,行不由径,非公事,未尝至于偃之室也。"(《论语·雍也》)

哀公问曰:"何为则民服?"孔子对曰:"举直错诸枉,则民服;举枉错诸直,则民不服。"(《论语·为政》)

子曰:"君子不可小知而可大受也,小人不可大受而可小知也。"(《论语·卫灵公》)

题解

选贤任能到底要选用什么样的人,这是困扰当政为官者的一个严肃而认真的问题。历史实践经验证明,正确选用人才,是政治取得成功的基础。孔子认为,选人要选有仁德的人。仁是人格的最高境界,不易达到,但可以从基本的刚强、果敢、质朴、言语谨慎这几种品质做起。"刚"就不会为欲所动摇,就是宁折不弯,坚持自己的信念理想不动摇。君子应当有所为有所不为,有些东西必须坚持。"毅"就是果敢,不会为困难或威势所屈服，敢于决断、敢于担当。一个做什么事都畏首畏尾的人，总是害怕承担责任，这样的人不可能有所成就。应该做的事，一定要去做，即使困难重重也不畏惧。"质"就是质朴，质朴木讷似乎使人感到愚笨，其实不然，这样的人往往很厚道，很朴实。质朴就会保持敦厚严谨的作风，言语谨慎就能避免不必要的祸害。做到这些就可以说接近仁的境界了。选拔人才，就是要注重这样有仁德的人。

在《论语·雍也》篇，孔子对学生子游说，要选正直不阿、坚守原则的人。子游告之澹台灭明就是一个奉公守法且有所不为、品质高尚的人。走路不抄小道，就是不走捷径，引申出来的意思也就是我们今天所说的不走后门。因为不走后门，所以也用不着拉关系，用不着到长官的家里去搞"勾兑"联络感情。这是什么样的人才呢？这是行为端正、有原则的人才，而不是我们今天所说的很会"跑关系"、在官场中兜得很转的那些特殊人才。"走路不抄小道"这种人在政治清明、风气很正的时代，且领导人清廉正派，是可以一展宏图、飞黄腾达的，但在政治不怎么清明、风气不正的年代，若领导者贪腐、品质不纯正，就很难把官做得大、做得长久。子游是很欣赏这种品德高尚的人才的，说明子游为政比较清明。据说子游的县衙门里风气的确是比较正的，不开后门，不拉关系，所以这里他说的澹台灭明是一个有仁德有正直品质的人才，为官就应选任这样的人。

"亲君子，远小人"，这是孔子为人处世的一贯主张。引申到选用人才方面，就是荐举贤才，选贤用能。春秋时期诸侯鲁国国君鲁哀公向孔子请教如何治理国家、让人民拥护的办法。孔子回答："举直错诸枉，则民服；举枉错诸直，则民不服。"这是说要选拔正直贤能的人才。孔子曾经对学生樊迟进一步阐述了这一观点。孔子说：把正直的人提拔到邪恶的人之上，或是把不正直的人置于一旁，这样不正直的人就会变得正直起来。用今天的话说，从政治国离不开选拔任用干部，干部选得好，老百姓就拥护；选得不好，老百姓就反对。好与不好，标准是正直与否。对于领导者来说，能否正确选拔人才至关重要。对于我们个人来说，就是做一个正直的人，如果不够正直就要加强道德修养使自己趋于正直，因为这在"治世"中同样关乎个人发展的问题。

　　孔子又提出选人要选那些"不要有小技能，而要有才德能担当重任的人"，这是谈人的器识问题。换句话说，就是提醒我们看人要从大处着眼，而不要拘泥于细枝末节。因为真正的君子，也就是一个能成大器的人，他在细节上不一定有什么很突出的表现，不一定为人所知。而一个不能成大器的小人，则很可能在细节上显露出长处，为人所赏识，说到底这就是一个大智慧与小聪明的问题。所以，如果以小节看人，很可能一个真正大智慧的君子还不如一个小聪明的人，那就会看走眼，让你错过选贤才的机会。尤其是领导者要知人善任，不要用细节小事去衡量一个心怀大志的君子，而错失人才；相反也不要因为一个人擅长小事，具有小聪明，就将大的任务交给他，造成不必要的损失。只有这样才能发现真正的人才，才不会有"纸上谈兵"的遗憾，选拔人才，不可不注意这方面的问题。

知识小链接

纸上谈兵，指在纸面上谈论打仗。比喻空谈理论，不能解决实际问题，也比喻空谈不能成为现实。

该成语出自《史记·廉颇蔺相如列传》，其中记载战国时期赵国名将赵奢之子赵括年轻时学兵法，谈起兵事来父亲也难不倒他。后来他接替廉颇为赵将，在长平之战中只知道根据兵书办，不知道变通，结果被秦军大败。

治国平天下

◇ 开国尚武、治国崇仁是立国之本 ◇

参考原文　　孟子见梁襄王。出，语人曰："望之不似人君，就之而不见所畏焉。卒然问曰：'天下恶乎定？'吾对曰：'定于一'。'孰能一之？'对曰：'不嗜杀人者能一之。''孰能与之？'对曰：'天下莫不与也，王知夫苗乎？七八月之间旱，则苗槁矣。天油然作云，沛然下雨，则苗浡然兴之矣。其如是，孰能御之？今夫天下之人牧，未有不嗜杀人者也。如有不嗜杀人者，则天下之民皆引领而望之矣。诚如是也，民归之，由水之就下，沛然谁能御之？'"

齐宣王问曰："齐桓、晋文之事，可得闻乎？"孟子对曰："仲尼之徒，无道桓、文之事者，是以后世无传焉，臣未之闻也。无以，则王乎？"曰："德何如，则可以王矣？"曰："保民而王，莫之能御也。"曰："若寡人者，可以保民乎哉？"曰："可"。曰："何由知吾可也？"曰："臣闻之胡龁曰,王坐于堂上,有牵牛而过堂下者,王见之,曰,'牛何之?'对曰:'将以衅钟。'王曰:'舍之!吾不忍其觳觫',若无罪而就死地'。对曰:'然则废衅钟与?'曰:'何可废也?以羊易之!'不识有诸?"曰:"有之。"曰:"是心足以王矣。百姓皆以王为爱也。臣固知王之不忍也。"王曰:"然,诚有百姓者。齐国虽褊小,吾何爱一牛?即不忍其觳觫,若无罪而就死地,故以羊易之也。" 曰:"王无异于百姓之以王为爱也。以小易大,彼恶知之?王若隐其无罪而就死地,则牛羊何择焉?"王笑曰:"是诚何心哉?我非爱其财而易之以羊也。宜乎百姓之谓我爱也。"曰:"无伤也,是乃仁术也,见牛未见羊也。君子之于禽兽也,见其生,不忍见其死;闻其声,不忍食其肉。是以君子远庖厨也"。

梁惠王曰:"晋国,天下莫强焉,叟之所知也。及寡人之身,东败于齐,长子死焉;西丧地于秦七百里;南辱于楚。寡人耻之,愿比死者壹洒之。如之何则可?"孟子对曰:"地方百里而可以王。王如施仁政于民,省刑罚,薄税敛,深耕易耨,壮者以暇日修其孝弟忠信,入以事其父兄,出以事其长上,可使制梃以挞秦、楚之坚甲利兵矣。彼夺其民时,使不得耕耨以养其父母,父母冻饿,兄弟妻子离散。彼陷溺其民,王往而征之,夫谁与王敌?故曰:'仁者无敌。'王请勿疑。"(《孟子·梁惠王上》)

题解　　孟子在战国年代到处宣扬"保民而王""仁义为本"的思想，却无法得到统治阶级的重视，梁惠王是唯一对孟子学说感兴趣的君王，但正当孟子与梁惠王越谈越投机的时候，梁惠王却一命呜呼了。惠王的儿子襄王继位，还是召见了一次孟子。这里记录的，就是孟子见了梁襄王后的感受和他自述的谈话内容。有意思的是，梁襄王的话题却是"天下恶乎定？"天下怎样才会安定？孟子给他讲了一番关于实行王道的开导。孟子给梁襄王讲的其实是两个层次的内容，第一层，天下统一才能够安定。这个道理是非常简单的，天下不统一，四分五裂，战争不断，怎么可能安定呢？

　　第二层，谁能够统一天下？孟子说得非常简单："不嗜杀人者能一之。"首先，孟子所说的"不嗜杀人者"是指执掌人们生死大权的国君。其次，在当时的年代，七雄纷争，战争不断，战争就要互相残杀，所以，孟子所说的"不嗜杀人者"实际上是指不喜欢战争的人，也就是诸侯之间和平与共的维护者。而"嗜杀人者"则是指那些挑起诸侯纷争、争霸天下的好战分子。孟子指出如果战火纷飞，征伐不断，各国的老百姓都会吃尽战争的苦头，生活在水深火热之中，痛苦不堪。如果这时候有哪个国君公然树起和平的旗帜，不再让老百姓去打仗卖命，而营造出一派社会稳定和发展生产的局面,那天下的老百姓都会闻风而至,诚心归附了。文中孟子将人民盼望不爱杀戮的君王的心情,比作七八月份干旱已久的禾苗盼望雨水一样,这样暗喻禾的"槁"与"兴",来说明雨水对禾苗的生死荣枯有直接关系,明确无误地表明了老百姓对"明君"与"暴君"的态度,形容老百姓对"不喜好杀戮"君主的期盼,道出了民心向背是无法抗拒的力量。说穿了,还是"仁政"的民本思想。

　　从现代学者的研究来看,孟子的政治学说和治国方略在理论上说都非常有道理,使人听了后不得不信服,但从实践来看,则不一定适用于战国时代的特殊历史。人们常说开国尚武,治国崇仁。在战争年代,军事和政治密不可分,要谋求天下统一的确离不开军事,离不开战争本身。因此,一般国君都会认为孟子的思想过于"迂腐"而不实用,不如纵横家或兵家的计策来得实在,梁襄王显然也是这种看法。事实上,就在孟子走后不久,苏秦到了魏国,并没有费太多的口舌就说动了梁襄王参加六国合纵抗秦的计划。人毕竟都是急功近利的啊,何况是在战国那个特殊的时代。接着孟子离开魏国又来到齐国,向齐宣王提出了"霸道称雄,王者治国"的道理。齐宣王既不像梁惠王那样一开口就问"何以利吾国?"也不像梁惠王的儿子口气更大地问"天下恶乎定?"而是很委婉含蓄地向孟夫子请教历史问题:"齐桓、晋文之事可得闻乎?"他所关心的仍然是如何称霸天下的问题。因为齐桓公和晋文公在春秋时代都是靠"霸道"而称雄天下的,而孟子所奉行的是反对霸权主义的儒学思想,不讲"霸道"而讲"王道",也就是不讲用武力、靠军事力量、靠战争称霸天下,而讲用道德、靠教化的力量、靠仁政统一天下,使天下人心归服。孟子尊王贱霸,是因为当时的诸侯争霸给民众的生产生活带来了深重的灾难,在孟子心中,只有王道才能救民众于水火之中,便直言不讳地说:"您要问霸道,那我就不懂得。您要对王道感兴趣的话,我倒还可以说一说。"所以在否定霸道之后,向齐宣王讲了王道。为消除齐宣王疑虑他举出了齐宣王的"不忍之心",以唤醒君王的仁慈之心。孟子认为不忍之心就是仁的开端,所谓"君子远庖厨",说的是一种不忍杀生的心理状态,也就是齐宣王"以羊易牛"的心理,因为他亲眼看到了牛即将被杀的样子而没有亲眼看见羊即将被杀的样子,"眼不见为净",所以孟子认为他还多少有点仁慈之心,进而劝导他要以"不忍人之心,行不忍人之政",实际上是表达了孟子"保民而王"的仁政实施有赖于君主有"不忍之心"、仁政的落地生根还在于"置民之产"等思想,内容非常丰富,比喻形象生动。这里我们节选了"君子远庖厨"这一段,对于"君子远庖厨"这句话,实质上就是说,作为国君要懂得"远离庖厨为仁,杀生见血是恶",既要有仁心,也要有仁行。孟子认为既然宣王对禽兽都能够有"不忍之心",为什么对百姓不能施以恩惠,还会出现杜甫说的"朱门酒肉臭,路有冻死骨"呢?我们从后文看"不能"与"不为"的论述就知道,齐宣王没能称王天下,"仁政"不是做不到,而是没有去做。当齐宣王提出另有"大欲"时,即想扩张疆土,臣服秦,君临中原安抚四夷,这实际上是以己之力与天下为敌,是根本行不通的,只有实行仁政，使天下人心悦诚服，才能称王天下。

知识小链接

苏秦：战国时纵横术士，与另一纵横术士张仪靠游说各诸侯国君联横抗秦，孟子对他们乞怜、讨好权势的行为予以抨击，称之为"妾妇之道"。

齐桓、晋文：是指齐桓公、晋文公。齐桓公，春秋时齐国国君，姓姜，名小白，是春秋时第一霸主。晋文公，春秋时晋国国君，也是春秋时称霸，名重耳。两人是春秋五霸——"齐桓公、晋文公、秦穆公、宋襄公、楚庄王"中最强的两霸。

杜甫：又名杜工部，字子美，湖北襄阳人，自号少陵野老，唐代伟大的现实主义诗人。其代表作有《春望》《北征》《三吏》《三别》等名作，与唐代伟大的浪漫主义诗人李白合称"李杜"。杜甫的诗记录了唐代由盛转衰的历史巨变，表达了崇高的儒家仁德精神和强烈的忧患意识，因而有"诗史"之称，对后世影响深远，被后人称为"诗圣"。

孟子说"仁者无敌"。《孟子·梁惠王上》记：孟子到魏国时，梁惠王正经历着人生的重大转折，他所谈的"东败于齐""西丧地于秦七百里""南辱于楚"都是魏国在几次对外战争中惨败的经历。此时的梁惠王复仇心切，故见孟子劈头就问，"何以利吾国。"孟子告诫他是"仁者无敌",直截了当地提出了他的仁政主张。一是省刑罚,二是薄赋税,三是深耕易耨,四是"修其孝悌忠信",前两项的目的都是为了让老百姓能够提高劳动生产积极性,发展生产,是物质文明;在精神文明建设方面,主要是教育问题。如前所说,在儒家政治的教育中,育德做人是第一位的,而文化知识是第二位的,所以孟子在这里依然强调的是抓"孝、悌、忠、信"。只要这两手抓住了,国无论大小,都可以发展壮大,小国可以打败大国,弱国可以战胜强国,因为施仁政的人是无敌于天下的。孟子当然也不是随便说说,而是具体分析了敌对国的致命弱点,最后才鼓励梁惠王,请他不要怀疑自己的治国良方。

◇ 为君治国必须确立民本思想 ◇

参考原文

孟子曰："民为贵，社稷次之，君为轻。是故得乎丘民而为天子，得乎天子为诸侯，得乎诸侯为大夫。诸侯危社稷，则变置。牺牲既成，粢盛既洁，祭祀以时，然而旱干水溢，则变置社稷。"（《孟子·尽心下》）

孟子曰："桀纣之失天下也，失其民也；失其民者，失其心也。得天下有道：得其民，斯得天下矣。得其民有道：得其心，斯得民矣。得其心有道：所欲与之聚之，所恶勿施尔也。民之归仁也，犹水之就下、兽之走圹也。故为渊驱鱼者，獭也；为丛驱爵者，鹯也；为汤武驱民者，桀与纣也。今天下之君有好仁者，则诸侯皆为之驱矣。虽欲无王，不可得矣。今之欲王者，犹七年之病求三年之艾也。苟为不畜，终身不得。苟不志于仁，终身忧辱，以陷于死亡。《诗》云：'其何能淑，载胥及溺。'此之谓也。"（《孟子·离娄上》）

齐人伐燕，胜之。宣王问曰："或谓寡人勿取，或谓寡人取之。以万乘之国伐万乘之国，五旬而举之，人力不至于此。不取必有天殃。取之何如？"

孟子对曰："取之而燕民悦，则取之。古之人有行之者，武王是也。取之而燕民不悦，则勿取。古之人有行之者，文王是也。以万乘之国伐万乘之国，箪食壶浆以迎王师，岂有他哉？避水火也。如水益深，如火益热，亦运而已矣。"(《孟子·梁惠王下》)

题解　"民为贵，社稷次之，君为轻"这句话是孟子提出的一个政治大原则。早年孙中山领导辛亥革命，经常引用孟子这句话，他认为这是中国古代的民主思想。与西方的"权为贵"的民主不同，这里的"民为贵"并不是民为主，而是说人民是最重要、最有价值的，是一个国家的基础，是国家的价值主体，也就是说以民为基础，实施民主精神管理。孟子的这种思想是说仁政爱民、以民为本，我们可以称之为民本思想。孟子的民本思想首先就体现民贵君轻上，国君和社稷都可以改立更换，只有老百姓是不可更换的，国计民生，只有得到老百姓的拥戴和认可才是最重要的。这里讲的"民贵君轻"的"民"是一个集合概念，"民"作为一个集合的整体是贵的，重于国君的，但"民"当中的每一个个体，普普通通的一介小民又怎么样呢？孟子在这个问题上的认识或许也有局限，就算是进化到两千多年后的民主时代，仍然有少部分人的利益和大多数人的利益之分，也就是代表主流民意的大部分人才可冠以"民"的概念。我们说，孟子的"民贵君轻"思想尽管存在某种时代局限，但毕竟大胆地提出了两种挑战：一是对君王绝对权力的挑战；二是对社神和稷神权威的挑战，不能不说是具有积极意义和跨时代意义的。

知识小链接

> 社稷：中国古代称土神和谷神为社稷，后也称国家为社稷。

为什么君轻民贵呢？因为中国古代说君权是天授，天意即民意，但在禅让制的时代，下一代的君权是由上一代的天子授予的，其实天子不能够拿天下授予人。中国上古时期舜辅佐尧治理天下二十八年，这不是凭一个人的意志能够做得到的，而是天意（即民意）。尧去世后，舜为他服丧三年，然后便避居于南河的南边，为的是要让尧的儿子继承天下。可是，天下诸侯朝见天子的，都不到尧的儿子那里去，却到舜那里去；打官司的，都不到尧的儿子那里去，却到舜那里去；歌颂的人，也不歌颂尧的儿子却歌颂舜，所以民间说这是天意。这样，舜才回到帝都，登上了天子之位。如果先前舜就占据尧的宫室，逼迫尧的儿子让位，那就是篡夺，而不是天授予他的了。这里说的天意，实质上就是人民的意志、意愿，即民意。

其次，民贵君轻体现在得民心才得天下，也就是说百姓拥护是关键。中国历史上，楚汉相争就是一例。刘邦在攻打咸阳时，约法三章，不伤扰百姓，得到老百姓的拥护；项羽攻打咸阳，杀人放火、掠夺财富，失去了民心。结果在后来的战争中，刘邦屡败不亡，项羽一败不起而灭亡，这就是民心向背的问题。《尚书》说"民为邦本，本固邦宁"，说的就是这意思。民心问题反映的是民本主义思想，得民心者得天下，失民心者失天下。仁政得民心，不施仁政则失民心。孟子讲"为渊驱鱼，为丛驱雀"，是说坏人在无意中帮助了好人，恶成了促进历史前进的动力，这里面蕴含着历史辩证法。小而言之，就是不要做把人才往别人家那里赶的蠢事，今天地区与地区之间、单位与单位之间、商家与商家之间也同样存在着这种"为渊驱鱼，为丛驱雀"的现象。比如说人才"跳槽"，往往是由于原单位的领导失去了对人才的信赖，这相当于原单位的领导主动把自己的人才驱赶到别的单位去。又比如说商家之间竞争，如果一个商家销售假冒伪劣产品、抬高物价、服务态度又恶劣，等于是把顾客驱赶到别的商家去，无意之中帮了自己竞争对手的忙。这些都是非常简单的道理，因此自己所喜欢的要给予你所爱护的人民，自己所厌恶的就不要施于老百姓了，这是治国从政要道。

知识小链接

项羽：（公元前232年—公元前202年），项氏，名籍，字羽，楚国下相（今江苏宿迁）人，楚国名将项燕之孙，军事家，中国军事思想"兵形势"（兵家四势：兵形势、兵权谋、兵阴阳、兵技巧）的代表人物，也是以个人武力出众而闻名的武将。史有"羽之神勇，千古无二"的评价。

项羽早年跟随叔父项梁在吴中（今江苏苏州）起义反秦，项梁阵亡后他率军于巨鹿之战击破章邯、王离领导的秦军主力。秦亡后称西楚霸王，定都彭城（今江苏徐州），秦灭后楚汉相争天下，汉王刘邦从汉中出兵进攻项羽，项羽与其展开了历时四年的楚汉战争，期间虽然屡屡大破刘邦，但项羽始终无法有固定的后方补给，粮草殆尽，又猜疑亚父范增，最后反被刘邦所灭。

失民心还有一个例证。《孟子·梁惠王下》记载：战国时期，邹国与鲁国交战，邹国君王邹穆公对孟子说："我的官吏死了三十三个，老百姓却没有一个为他们而牺牲的。杀他们吧，杀不了那么多，不杀他们吧，又实在恨他们眼睁睁地看着长官被杀而不去营救。到底怎么办才好呢？"孟子回答说："灾荒年岁，您的老百姓，年老体弱的弃尸于山沟，年轻力壮的四处逃荒，而您的粮仓里堆满粮食，货库里装满财宝，官吏们却从来不向您报告老百姓受灾的情况，这是他们怎样对待老百姓，老百姓也会怎样对待他们。现在即使老百姓不管他们死活，您也不要归罪于老百姓吧！只要您施行仁政，老百姓自然就会亲近他们的领导人，肯为他们长官而牺牲了。"孟子的意思是关注民生才能凝聚民众。普通老百姓看到当官的战死而不救固然是不对，但灾荒年岁老百姓饿死或逃荒时，当官的见死不救就对吗？当官不为民做主，还要当官的来干什么呢？这就是我们常说的"你不仁，我不义"，一报还一报，以其人之道还治其人之身的意思，所以说当官者要为老百姓的利益考量。

再次，民贵君轻体现在进退决定于民心向背。齐人伐燕，齐宣王问孟子是否取之。孟子在这里的表态非常谨慎，两种选择都摆给齐宣王，让他自己去选择。孟子的人本主义立场是非常明显的，齐国要兼并燕国，关键在民心向背，也就是说燕国的老百姓答应不答应，欢迎不欢迎。他认为当时燕国的老百姓生活在水深火热之中，所以不反对齐宣王的军队进驻，只要燕国的老百姓真的欢迎齐国军队去，而且这支军队又是去救民于水火，是仁义之师，当然是可以取之。相反，如果齐国的军队进驻以后反倒使燕国的百姓"水益深，火益热"，那是不能取的。事实上，齐国人攻打并占领了燕国，齐宣王没有考虑如何获取民心，而是烧杀掳掠，汲汲于谋取利益，由此导致民怨沸腾。所以，后来一些诸侯国谋划着要救助燕国，攻打齐国。齐宣王问孟子该怎么办，孟子要齐宣王悬崖勒马，赶快撤军，避免一场诸侯混战的战火燃烧。进也孟子，退也孟子。不过，不能怪孟子反复无常，而是因为——进也民心，退也民心。民心向背是孟子政治思想的核心，国内问题如此，国际事务也是如此。

在《孟子·公孙丑下》篇，孟子说："天时不如地利，地利不如人和"，说明有利的地势不如人的齐心协力。所以孟子说，管辖老百姓不是靠划定国家的疆界，巩固国防不是靠山川险阻，扬威天下也不是靠锐利的兵器和装备的精良，拥有道义的人得到的帮助就多，失去道义的人得到的帮助就少（得道多助，失道寡助）。帮助的人少到极点时，连亲戚也会叛离；帮助的人多到极点时，全天下的人都会顺从，以全天下人都顺从的力量去攻打连亲戚都会叛离的人，必然是不战则已、战则无不胜的了。我们认为，孟子关于天时、地利、人和的论述，不仅好在描写手法上，而且是一种辩证唯物主义思想，从感性上升到理性，更重要的是提醒人们应把这些基本因素作为在面对战争或重大历史转折时重点考虑的条件。我们谋事、成事、创业时，这些因素也值得我们深入思考。治国当如此，我们做任何事也当如此。所谓"人心齐，泰山移"，就是"人和"起到了至关重要的凝聚作用。孟子说的"得道多助，失道寡助"，就是讲能利益天下的人，天下人也会利益他，危害天下的人，天下人也会危害他，利人则自己有利，害人则自己有害。仁德的人在位时，天下人都依附他，没有别的原因，只因为他善于为天下人谋求福利罢了。

◇ 为君还应肩担天下，为国为民谋福祉 ◇

参考原文

长沮、桀溺耦而耕。孔子过之，使子路问津焉。长沮曰："夫执舆者为谁？"子路曰："为孔丘。"曰："是鲁孔丘与？"曰："是也。"曰："是知津矣。"问于桀溺。桀溺曰："子为谁！"曰："为仲由。"曰："是鲁孔丘之徒与？"对曰："然。"曰："滔滔者天下皆是也，而谁以易之？且而与其从辟人之士也，岂若从辟世之士哉。"耰而不辍。子路行以告。夫子怃然曰："鸟兽不可与同群，吾非斯人之徒与而谁与？天下有道，丘不与易也。"（《论语·微子》）

颜渊、季路侍。子曰："盍各言尔志？"子路曰："愿车马、衣轻裘，与朋友共，敝之而无憾。"颜渊曰："愿无伐善，无施劳。"子路曰："愿闻子之志。"子曰："老者安之，朋友信之，少者怀之。"（《论语·公冶长》）

梁惠王曰："寡人之于国也，尽心焉耳矣。河内凶，则移其民于河东，移其粟于河内。河东凶亦然。察邻国之政，无如寡人之用心者。邻国之民不加少，寡人之民不加多，何也？"孟子对曰:"王好战,请以战喻。填然鼓之,兵刃既接,弃甲曳兵而走,或百步而后止,或五十步而后止,以五十步笑百步,则何如?"曰:"不可。直不百步耳,是亦走也。"曰:"王如知此,则无望民之多于邻国也。不违农时,谷不可胜食也;数罟不入洿池,鱼鳖不可胜食也;斧斤以时入山林,材木不可胜用也。谷与鱼鳖不可胜食,材木不可胜用,是使民养生丧死无憾也。养生丧死无憾,王道之始也。五亩之宅,树之以桑,五十者可以衣帛矣。鸡豚狗彘之畜,无失其时,七十者可以食肉矣。百亩之田,勿夺其时,数口之家,可以无饥矣。谨庠序之教,申之以孝悌之义,颁白者不负戴于道路矣。七十者衣帛食肉,黎民不饥不寒,然而不王者,未之有也。""狗彘食人食而不知检,涂有饿莩而不知发;人死,则曰:'非我也,岁也。'是何异于刺人而杀之,曰:'非我也,兵也。'王无罪岁,斯天下之民至焉。"
(《孟子·梁惠王上》)

题解　　为君怎样治国呢?儒家认为,首先要积极救世,敢于承担社会责任。这是儒家文化的核心思想之一,就是反对暴力和迷信,强调道德理性——施"仁",

实现治国平天下的理想目标。也就是说，无论为官还是作为读书人，都必须对全天下乃至自然界有足够的关注和责任心，具有远大的志向，对于那些逃避现实、洁身自好、不承担社会责任的人孟子是反对和批评的。我们先从反面来阐述这一观点，比如子路问渡，反映了故事中的两位隐者长沮和桀溺的避世观点。按照他们的看法，天下大乱，整个世界像洪水泛滥一样，没有人能治理好使天下重归太平，所以他们说孔子和子路等人的奔走救世是徒劳无益的。既然不能救世，那我们与其避人，不如避世，连整个浊世都避开了，隐居于山林之中去与鸟兽同群，管它世道变成什么样子，所以他们反对孔子带领学生离开鲁国奔走天下，寻求救世之道。这种观点也表明他们洁身自好逃避现实的思想，是隐士的哲学。

当时世人都称赞长沮、桀溺二人的观点是作为隐士的一种智慧，我们则认为，他们二人就像《愚公移山》中的智叟（一位世俗老先生），人品可能更差些，面对混乱现实隐居不作为也就罢了，他俩还对孔子师徒进行嘲讽，用贬低别人来彰显自己的聪明，对社会毫无作为还以道德自榜，实在令人不耻。其实，孔子本来是尊敬这些避世隐居、洁身自好的人，但由于孔子志存天下，希望天下清平，积极入世，具有欲拯救斯民于水火的人道主义情怀，不得不坦然开怀表明自己的态度：作为一个人，不和人打交道而完全隐居是不可能的。人能够做到避开整个世道而与鸟兽同群吗？长沮、桀溺不也并没有在山林之中与飞禽走兽同群，而在耕田种地食人间烟火吗？何况，他们不仅耕田种地，而且还二人并肩操作，也离不开人与人之间的交往啊！从另一方面看，孔子说得也非常真实，如果天下太平，我孔丘也就不和弟子们一起出来奔走，进行改变世界的努力了。反过来说，即使世道黑暗，天下不太平，我们也不应放弃自己的理想，而应去寻求救世之道，这是社会责任感和知识分子的良心在驱动，这就是"不可为而为之"呀！所以，孔子在乱世仍然坚持自己的理想，更凸现出他伟大的人格魅力。做人是这样，君子为政做官更要以天下为己任，勇于承担起拯救世道、拯救人民的社会责任，而不能以洁身自好为由，逃避社会现实，逃避社会责任。

知识小链接

《愚公移山》是中国古代寓言故事，选自《列子·汤问》，作者是春秋战国的列御寇。

《愚公移山》讲述了愚公不畏艰难，坚持不懈，挖山不止，最终感动天帝而将山挪走的故事。愚公家门前有两座大山挡着路，他决心把山平掉；另一个"聪明"的智叟笑他太傻，认为不能。愚公说："我死了有儿子，儿子死了还有孙子，子子孙孙无穷无尽的，又何必担心挖不平呢？"后因感动天帝，天帝命夸娥氏的两个儿子搬走了两座大山。

《论语·公冶长》记孔子与几位学生谈论志向，孔子将志向分为两个层面：个人理想与社会理想。个人理想就是要做一个道德高尚的君子；社会理想就是要追求一个和谐的社会，因此，培养志向非常重要。子路抢先谈了自己的愿望:"愿车马衣轻裘与朋友共,敝之而无憾。"说明了他讲义气,重承诺,表现了他乐善好施、直爽可爱的豪勇气概。颜渊是仁者之志,所以他从道德修养方面回答:"有善而不伐,有功而不扬",体现了他践行仁德的态度。而圣人自己的志向是"老者安之,朋友信之,少者怀之"。"老者安之",就是希望老年人无论在精神上和物质上都得到安顿,实现老有所养,老有所乐,颐养天年;"朋友信之",就是希望人与人之间互相理解,互相信任,再没有欺诈,没有仇怨;"少者怀之",就是永远关心爱护下一代,希望下一代健康成长。这是一颗博大的天地之心,宣传仁德,教化万民:申之以仁爱之心,则少年有所怀;申之以孝悌之德, 则老年有所安;申之以忠信之道,则朋友之间无不信。这不是一个理想社会的景象又是什么呢?孔子有着担任司寇而兼摄相国的从政经历、周游列国的所见所闻,且对社会现实有着比一般人更深刻的认识,因此他提出的志向有着丰富的社会意义。他在言志时只谈自己的社会理想,实质上是引导学生们关注社会、关注民生,立下为国为民的远大社会志向。显然,孔子是在礼崩乐坏、战乱频繁的春秋时期追求一个充满仁德的和谐社会。圣人之志,岂不就是要实现世界大同的理想社会吗?同样他的另一个高徒曾子说:"士不可以不弘毅,任重而道远。仁以为己任,不亦重乎?死而后已,不亦远乎?"(《论语·泰伯》)也是说,君子应心怀天下、立志高远,要有历史责任感和"为天地立心,为生民立命,为往圣继绝学,为万世开太平"的伟大志向,要在普天之下推行仁道,而且任重道远。曾参的这番话是说知识分子应磨炼自己的坚强意志，铸就伟大的理想人格，以推行仁道实现"天下归仁"为己任。要实现这一目标，必须坚持不懈地奋斗终生，死而后已。儒家的这种为国为民而奋斗不止、鞠躬尽瘁、死而后已的精神，表现出来的人格魅力影响了后世无数仁人君子，并由此孕育出"天下兴亡，匹夫有责"的意识，成为千百年来中华民族沉毅持重的生命意识。他们为了自己的理想，为天下的道义，将历史扛在自己肩头前赴后继，共同创造了辉煌璀璨的中华文明。

以上是讲古代一般君子的追求，如果作为君王那又该如何呢？"五十步笑百步"，这是孟子劝谏梁惠王施"仁政"担负社会责任的典故。孟子批评梁惠王的小恩小惠，不施行仁政，就像五十步笑百步的人。同样是逃跑，这种"五十步笑百步"的人，并没有认识到自己错误的严重性，也没有认识到应从主观上找自己的原因，反省自己并加以改正，以免在错误中越陷越深。从文章看梁惠王的确为民办了一些好事、实事，这些做法孟子认为是头痛医头、脚痛医脚的办法，没有从根本上解决问题。当然，孟子批评梁惠王其实是在鼓励梁惠王施仁政、尽王道，就像医生一样，为的是给梁惠王增强心理基础，并提出了循序渐进的两个步骤：第一，使民无憾，王道之始。这是一个初级阶段。这个阶段主要是解决人民的基本生存问题（使民养生丧死无憾），基本生产方式是以农业为基础，农、林、渔并举。这里值得我们特别注意的是，"数罟不入洿池，斧斤以时入山林"是不是保护自然资源和生态平衡的思想呢？如果是，那它的超前性、它的现实意义，是不是让两千多年后的我们大吃一惊，值得我们深思和借鉴呢！第二，富民兴教，王道之成。这是要求发展养殖业和初步的轻工业生产，即在"使民养生丧死无憾"的基础上达到"衣帛食肉"，丰衣足食，这是就物质文明方面说。这里更重要的是孟子对梁惠王说完衣帛、食肉、无冻无饥即丰衣足食富民的基础上又说到要"谨庠序之教"，大办教育。在孟子心中，给民众以教化，让大家懂得礼仪规范、仁义道理，这才是民富的表现。我们说，要让老百姓生活富足，除了物质富足、丰衣足食，更需要生命的富足，也就是精神上的富足，要给以文化，这是一个社会由民富而至文昌的过程，是为了营造和谐的社会环境。孟子这种超前的教化思想，无疑是有划时代意义的，因此他再次提醒梁惠王，希望他不要找荒唐的托词推卸责任，因为只有当一个国家的领导人肩担天下，负起社会责任来，天下的老百姓才会心悦诚服地接受他的领导。古人说，国家之所以治理得好，是因为君主英明行善；国家之所以乱，是因为君主昏庸作恶。古训说，上帝没有亲疏贵贱的分别，所以赐福、降灾没有一定，对行善的人就赐给各种吉祥，对作恶的人就降给各种灾祸。行善修德不怕小，即使是小善小德，天下人也会感到庆幸；只要所行不善，即使不大，也可能导致亡国，讲的就是一国之君要行善施仁，为国家谋振兴，为百姓谋福祉。

◇ 强兵慎武是治国明君应遵循的守则 ◇

参考原文

季氏将伐颛臾。冉有、季路见于孔子曰:"季氏将有事于颛臾。"孔子曰:"求!无乃尔是过与?夫颛臾,昔者先王以为东蒙主,且在邦域之中矣,是社稷之臣也。何以伐为?"冉有曰:"夫子欲之,吾二臣者皆不欲也。"孔子曰:"求!周任有言曰:'陈力就列,不能者止。'危而不持,颠而不扶,则将焉用彼相矣?且尔言过矣,虎兕出于柙,龟玉毁于椟中,是谁之过与?"冉有曰:"今夫颛臾,固而近于费。今不取,后世必为子孙忧。"孔子曰:"求!君子疾夫舍曰欲之而必为之辞。丘也闻有国有家者,不患寡而患不均,不患贫而患不安,盖均无贫,和无寡,安无倾。夫如是,故远人不服,则修文德以来之。既来之,则安之。今由与求也,相夫子,远人不服,而不能来也;邦分崩离析,而不能守也;而谋动干戈于邦内。吾恐季孙之忧,不在颛臾,而在萧墙之内也。"(《论语·季氏》)

孔子曰:"天下有道,则礼乐征伐自天子出;天下无道,则礼乐征伐自诸侯出。自诸侯出,盖十世希不失矣;自大夫出,五世希不失矣;陪臣

执国命，三世希不失矣。天下有道，则政不在大夫。天下有道，则庶人不议。"（《论语·季氏》）

宋牼将之楚，孟子遇于石丘，曰："先生将何之？"曰："吾闻秦、楚构兵，我将见楚王说而罢之。楚王不悦，我将见秦王说而罢之。二王我将有所遇焉。"曰："轲也请无问其详，愿闻其指。说之将何如？"曰："我将言其不利也。"曰："先生之志则大矣，先生之号则不可。先生以利说秦、楚之王，秦、楚之王悦于利，以罢三军之师，是三军之士乐罢而悦于利也。为人臣者怀利以事其君，为人子者怀利以事其父，为人弟者怀利以事其兄，是君臣、父子、兄弟终去仁义，怀利以相接，然而不亡者，未之有也。先生以仁义说秦、楚之王，秦、楚之王悦于仁义，而罢三军之师，是三军之士乐罢而悦于仁义也。为人臣者怀仁义以事其君，为人子者怀仁义以事其父，为人弟者怀仁义以事其兄，是君臣、父子、兄弟去利，怀仁义以相接也，然而不王者，未之有也。何必曰利？"（《孟子·告子下》）

题解 治国明君要慎武，爱好战争者必将走向灭亡，不要疏忽备战的必有危机，这是自古以来的经验教训。

世事的确如此，如果一个国家的君主好战，"十万之师出，费日千金，师之所处荆棘生焉，大军之后必有凶年"（《老子·道德经》），必然劳民伤财，涂炭生灵，最后国库空，粮仓空，民不聊生，走向灭亡。但是如果疏忽备战也必有危机，落后挨打，保家卫国也是忘不得的，因此既要强兵又要慎武，这是人知常理，国之常情。篇中季氏要去攻打鲁国的附属小国颛臾，这是不义之战，孔子对此批评了学生冉求、子路，并指出做臣下的职责问题，责怪冉求和子路对不义之战袖手旁观，不规劝也不扶正，没有尽到家臣的责任。用现在的话来说，起码也是"拿一份钱，做一份事""做一天和尚撞一天钟"，所以冉求、子路是难辞其咎的。孔子说，做臣下的要帮助国家发展社会经济，并说到了"不患贫而患不安，不患寡而患不均"，这是"均贫富，讲稳定，求发展"的治国方略。只要和谐，就不怕贫穷；只要公平，就不怕物质匮乏社会不平安，孔子说这句话既包括内政也包括外交，既涉及经济也涉及政治。其中尤其值得我们注意的是他的贫富思想，他在这种精神的指导下，直接点明了他的两个学生协助季氏好战的责任与后果。儒家主张用仁德和礼义来使人民归服，通过养民、富民让人民得到安定，提倡"和为贵"，反对通过暴力手段解决内外问题，尤其是孔子提出的"不担忧贫穷而只担忧不安定，不担忧分得少而只担忧财富不均"的思想，让人民安乐，让社会均富，对中国古代文化和中国人的心理影响深远。这使我们不得不发出感慨：圣人的思想可真是博大精深啊！在这一件事情上，就可见他思想的光辉，小到说话做事，大至治国平天下，都让我们不无教益，深受启发。

孔子说"天下有道,礼乐征伐自天子出",是说一个国家只有天子才有发号施令的礼乐制订权和战争权,诸侯是不能发号施令的,反映了孔子对于他所处的那个历史时代的总结和看法。"礼乐征伐自天子出"就是中央发号施令,各地执行,是一种正常的中央集权制统治,把战争权控制在中央,不会轻易发动战争,是强兵慎武的一种制度保证,也是社会稳定的象征之一,所以孔子把它作为世道清明的体现。在孔子的眼中,西周以前的时代就是这样一个时代。"礼乐征伐自诸侯出"就是中央失去了集权,已不能够发号施令,或者说发号施令已不起作用。倒是各诸侯国,也就是各地方势力占了上风,自行其是,既制作礼乐又发令征伐,把中央扔在一边形同虚设,东周时代大致就是这个样子。至于说礼乐征伐自大夫出,甚至自大夫的家臣出,那更是变乱的时代、变乱的国家了。孔子自己就生活在这样一个时代(春秋末期)、这样一个国家(鲁国仲孙、叔孙、季孙三大夫操纵国政,甚至连季氏的家臣阳虎都操纵了鲁国的国政)。当时礼崩乐坏,名分混乱,"君不君,臣不臣",在上位的人不坚守自己的职责,在下位的人僭越无礼。孔子是通过对这种历史现象的考察,向人民预示了春秋时期历史演变的趋势和中央集权以及礼制日渐衰微的过程。一方面,政权从天子下移到诸侯,乃至于大夫、大夫的家臣;另一方面,越演变节奏越快,斗争越尖锐激烈,所以,诸侯还可以传十代,大夫就只能传五代,到大夫的家臣,就只能传三代甚至更短了,这也是一个规律。孔子既看到了这种变化,也承认这种变化的历史客观性，但就主观思想和主张来说，他当然是反对这种变化的。因为只有礼乐征伐自天子出，中央集权才能慎武，不随意发动战争，社会才会稳定，人民才会安居乐业。反之，诸侯割据，群雄混战，天下大乱则民不聊生。

孟子对宋牼去楚、秦两国劝战讲和罢兵的做法，提出了自己的看法。孟子看来，和平当然是很重要的，所以他也非常支持宋牼维护和平的行为，但是，宋牼是以"利"去劝说秦、楚两国罢兵，是行不通的。孟子认为，和平的前提是"义"，而不是讲"利"。这里说的"利"是指君主"大欲"和"私利"，我们可理解为利害关系。如果用利去换得一时的和平，早晚也会失去和平，不仅失去和平，还会失去国家，失去天下。因为，基于利害关系的和平，实际上隐伏着很多不和平的因素，就像是人与人之间都以利来相互对待，一旦利害关系发生冲突，必然导致争斗，失去友谊与团结。相反，如果国家以仁义为前提，出于对礼、法则、秩序的尊重赢得和平，则会保持长久的稳定与发展，不仅不会失去和平，而且还会使天下人心归服，安定统一。同样，基于仁义的和平，使人与人之间都以仁义道德相互对待，没有根本的利害冲突，人人忠诚谦让，仁爱正义。现代社会，无论是国与国之间，还是人与人之间，如果都是非商品化的关系，用仁爱之心对待，"让世界充满爱"，哪里还有什么争斗或战争的危机呢？从理论上说，孟子的学说是很有道理的，但不能不说有些许理想成分。从历史和现实的实践来看，一方面利益难以换取永久的和平，和平应以仁义为前提；另一方面是无论是战争还是和平，既然有军事行动的发生就不可能没有利害关系存在，也不可能有纯粹为抽象的仁义道德而战的战争，和纯粹为抽象的仁义道德而罢兵停战的和平出现。在孟子所处的战国时代，尤其没有这种可能。

所以，在孔孟看来，作为一国之君，要赢得国内外安定，不一定靠强制手段或战争，确实有必要以战争换和平，那也应该坚守仁义原则。儒家认为，战争的确是和政治紧紧联系在一起的，因此也的确有正义的战争和非正义的战争之分，但以我们今天的观点来看，衡量正义战争和非正义战争的标准主要是看发动战争一方的动机和目的是什么，而不是看什么人来发动战争。就这一点来说，我们的观点与孟子所论似乎有些不同，我们认为作为一个国家，出师用兵为国家大事，也是国家存亡的关键。所以说，天下难事在于用兵，应慎之又慎呀！

后 记

《大学》《中庸》《论语》《孟子》四部著作是我国古代儒家的重要典籍，也是中华民族传统文化的重要组成部分，到宋代时，经程颢、程颐、朱熹等人整理合编为"四书"。"四书"内涵十分丰富，包括了我国古代儒家的哲学、史学、政治、经济、教育、伦理、道德等方面的内容，记载了中华民族自古以来在建设家园、开展精神活动、进行理性思维创造中的文化成果，反映了中华民族不断探索真理的精神追求，不仅是我们中华民族的宝贵文化遗产，在我国历史发展中起到重要作用，对亚洲及世界人类文化发展也有很大影响。

改革开放以来，我国与全世界的文化交流日益加深。为把中华民族的优秀传统文化全面推向世界，推动中华优秀传统文化创造性转化和创造性发展，使中国典籍活起来，笔者编著了《中国经典新读新解·四书新解》一书，以英文版的形式向全世界出版发行，让世界读者进一步了解中华民族优秀传统文化的博大精深，加强中华民族传统文化与西方文化及世界文化的沟通和融合，促进中华文明与世界文明的交流与互鉴，为增强中华民族文化自信添砖加瓦。英文版的《中国经典新读新解·四书新解》篇幅短小、文字精练，内容新颖丰富，增加了知识小链接，即把书中内容涉及的历史人物、历史事件、历史典故重新作了编辑和诠释，使读者更易读懂弄通典籍内容。为满足国内广大读者的文化需求，现将中文版原稿以《儒家"四书"的思想智慧》为书名出版发行，再次与读者剔除其糟粕，共享其精华。